夫婦という病

夫を愛せない妻たち

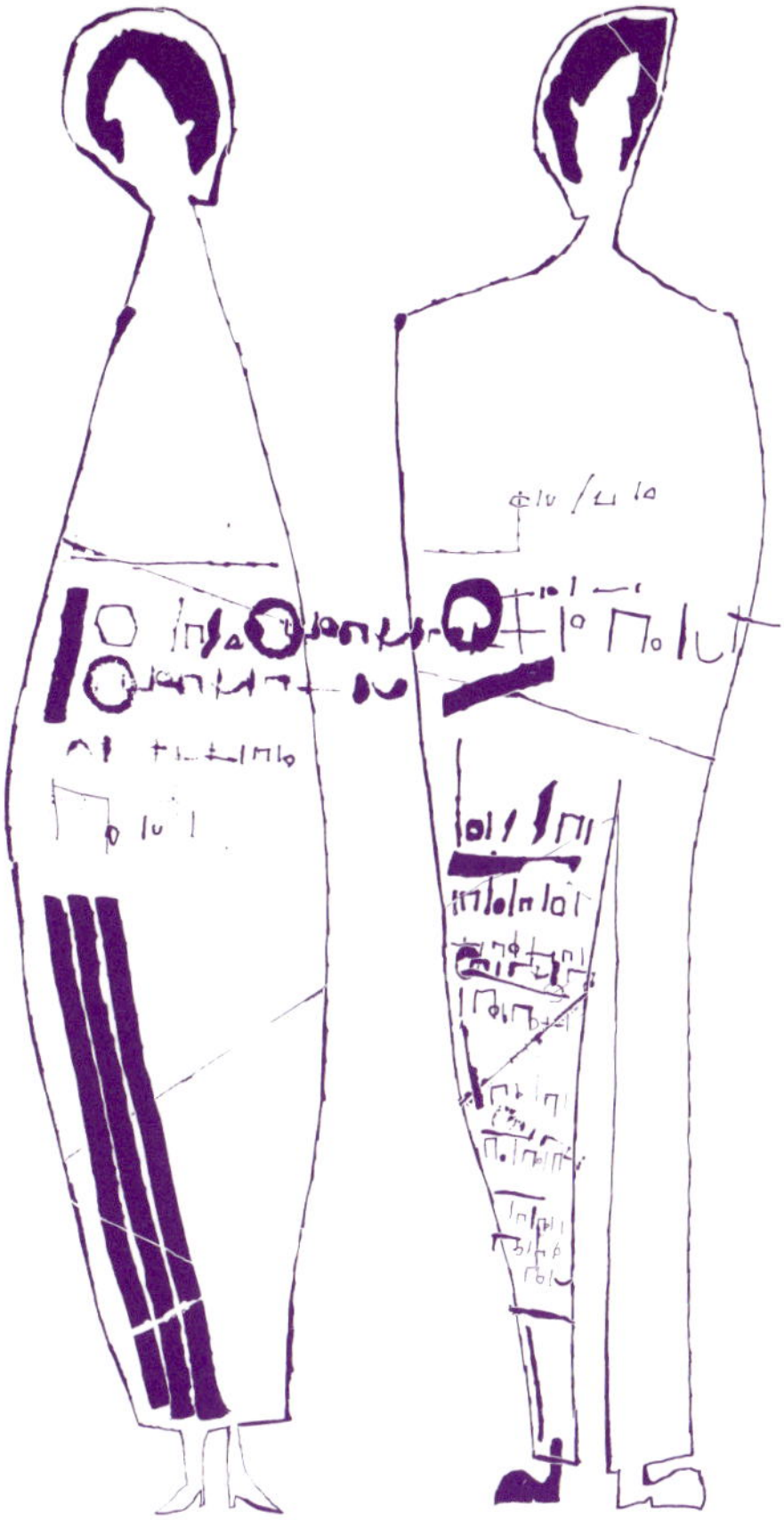

岡田尊司

河出書房新社

夫婦という病

夫を愛せない妻たち

はじめに　パートナーを愛していますか？

夫婦やパートナーとの関係で悩んでいる人が、とても増えている。夫と、妻とやっていくのが無理だと感じている人も多い。経済的な問題や子どもへの影響を考えて、どうにか夫婦を続けているが、本当は別れたいと思っている人も少なくない。また、夫や妻のことを大切に思い、うまくやっていきたいと望んでいるのだが、実際に面と向かうと、どうしてもぎくしゃくし、責め合い、気持ちや行動がすれ違ってしまうというカップルも多い。どうすればもっと気持ちよく相手を受け入れ、互いを大切にできる関係になれるのか。

筆者のクリニックや提携するカウンセリング・センターには、そうした悩みを抱えたカップルが大勢訪れる。夫のＤＶや夫婦間の問題を何とかしたいという人だけでなく、最初は、ご本人のうつや不安、イライラなどで相談に来られたり、子どもの問題で助けを求めて来られたのが、背景を探っていくうちに、そこに夫婦の問題が深くかかわっていることがわかってくることもしばしばだ。そうしたケースでは、むしろ夫婦の関係を改善することで、ご本人の精神状態や子どもの問題が落ち着いていくということも多い。

また、結婚したものの、パートナーが、子どもをもつことに消極的だったり、そもそも性的な営みをもつことに関心が乏しく、一方のパートナーが欲求不満に苦しんだり、もう一方のパートナーが、相手の性欲をもてあまし、拒否反応を起こしているという状況も多い。

夫婦の絆自体が間違いなく脆くなっている。離婚率は、婚姻率の三分の一を超え、三組に一組が離婚している計算になる。アメリカ並みの二組に一組に到達する日も近いだろう。不倫に走る人は五百万人とも言われ、家庭を脅かす深刻な問題となっている。パートナーとの絆が生涯続いてほしいと願う人と、その絆を束縛と感じ、そこから脱したいと感じる人のどちらもが苦しんでいる。

さらに、近年増えているのは、パートナーに軽度の発達障害やパーソナリティ障害があるケースで、パートナーと気持ちを共有することができず、虚しい思いを味わったり、また相手の行動が理解できず、困り果てていたりというケースも多い。

社会の形が急激に変わり、夫婦や愛の形も変わろうとしている。しかし、まだ安定した形にたどり着けず、社会全体が、生みの苦しみを味わっているとも言える。

一体どうすれば、パートナーとの関係を、あなたにふさわしい安定したものに築いていけるのか。すでにその関係がほころびだし、ぎすぎすし始めているとしたら、どのようにして修復し、再生することができるのか。それとも、もはや修復不可能なものとして見切りをつけ、新たな人生に進んでいくべきなのか。その場合、どこで見極めればいいのか。今後、どういうかかわり方や家族の在り方を目指していけばいいのか。

こうした問いに答えることは、多くの人にとって差し迫った課題となっている。本書はその問題に、二十一のケースを通して答えていきたいと思う。そして、あなた自身が直面している問題の本質を知り、必要な対処をとるためのヒントを提供できればと思う。

その答えの向こうには、現代人がたどり着こうとしている新たな家族の姿が浮かび上がってくるだろう。

なお、本書には多くの事例が登場するが、有名人のケースについては公刊されている文献に基づいて記述を行った。できるだけ複数の文献に当たり、客観性を確保するように努めたが、単一の文献に基づく記載も含まれている。また、一般人の事例は、実際のケースをヒントに再構成したものであり、登場する人物の名は仮名であり、特定の事例とは無関係であることをお断りしておく。

夫婦という病／目次

第三部　新しい愛の形を求めて　179

第一部

夫を愛せない妻たち

第一章　なぜ気持ちが通じないのか

ケース1　夫の無関心に疲れた妻

いつ頃からか、夫の帰宅時間が近づくと、亜夕美《あゆみ》さんの胃のあたりには重いものがつかえるようになった。上の息子が小さかった頃までは、夫の帰りが楽しみだった。だが、近頃では夫らしき足音がしただけで、気が重くなり、体がこわばってしまう。

何度もこれではいけないと思い、自分なりに努力してきたつもりだ。もっとコミュニケーションをとって、わかり合おうとした。亜夕美さんの願いは、それほど難しいことでも、高望みでもなかったはずだ。ただ、夫の弘毅《こうき》さんと普通に話をすること。互いの話を聞き、良いことも悪いことも共有して、二人で乗り越えること。

実際、交際中の弘毅さんは、そういう関係がつくれる相手だと思っていた。口数の多い方ではなかったが、亜夕美さんの話に熱心に耳を傾け、的確なアドバイスをしてくれた。寡黙で、余分なことはあまり言わないが、肝心なことをきちんと言ってくれる人だと感じていた。

結婚してからも、話をするのは大抵亜夕美さんの方で、夫の帰りを待ちわびたように、留守中にあった出来事を、つぶさに話して聞かせた。弘毅さんは、妻の報告を、嫌がりもせずに傾聴してくれていたように思う。

それが、いつの頃からか、弘毅さんは、亜夕美さんの話に半ば上の空になり、ときには鬱陶《うっとう》しがるようになった。しかも、亜夕美さんが一番話を聞いてほしいと思い、支えを必要としていたときに、弘毅さんはそっぽを向いてしまうのだ。

その境目は、下の息子のことで悩み始めた頃からだろうか。下の息子が発達に課題があると診断されたのだ。亜夕美さんは、必死だった。方々に相談に行き、少しでも良くなる手立てはないかと、療育（治療的トレーニング）にも通った。そんなふうに前向きに取り組もうとしても、心の中では、まだ事態を受け入れられない思いや、他の子のようにできないわが子の姿に、やり場のない思いを味わい、絶えず気持ちは揺れていた。進歩の報告よりも、嘆きと愚痴ばかりが多くなることもあった。しかし、そんな話をできるのは、夫しかいなかったし、当然、夫が受け止め、分かち合ってくれるものと思っていた。

だが、弘毅さんの反応は、亜夕美さんの期待したものとはおよそ違っていた。夫の帰りを待ちわびて、張り裂けそうに心にたまったものを語り始めると、夫の顔つきは険しくなり、亜夕美さんの期待とは正反対の態度をとるようになったのだ。亜夕美さんの努力や取り組みを、いちいち否定したり、他人《ひと》ごとのように突き放したりした。挙げ句の果ては、亜夕美さんにすべての責任があるかのように妻を責め始める。亜夕美さんはただ話を聞いて、思いを共有してほしかっただけなのに。

それでなくても、自分を責め、無力感にさいなまれている亜夕美さんは、夫からの言葉に深く傷ついた。しかし、それでも、相談できる人は夫しかいないし、夫には、父親としてわが子のことを理解してもらいたかった。弘毅さんが背を向けようとしても、亜夕美さんはすがるように語り続けた。だが、夫はいっそう不機嫌な表情を浮かべ、ひとりビールを呷《あお》って、まともに話も聞いてくれなくなった。

夫の態度に腹を立て、「どうしてちゃんと聞いてくれないの。自分の子どものことでしょう」と責めると、弘毅さんは逆ギレし、「お前が、そんなふうにヒステリックだから、子どももまともに育たないんだ」と、理不尽な言葉を投げつけてきた。声を荒らげることもしょっちゅうだった。

それに反応してか、いつしか息子たちは、父親を嫌うようになっていた。冷静に戻ると、息子たちの前では、父親のことを悪く言わないようにしたが、弘毅さんに対する深い失望と怒りは、拭えないものとなっていった。

弘毅さんにも言い分はあった。弘毅さんは、その頃昇進したばかりで、大きな責任とストレスを抱えるようになっていたのだ。もともと技術屋で、人を統率したり、商談をまとめたりするのは得意分野ではなかったが、そんなことは言っていられなかった。弘毅さんは、家では会社の愚痴を滅多にこぼさなかったが、心の中は、仕事のことだけでパンパンになっていたのだ。

わが子のこととはいえ、毎晩聞かされる希望のない状態や妻の嘆きは、疲れ切った神経には拷問のように応《こた》えた。妻の言葉は、父親である自分を責めているように感じられた。子どものことまで、自分にどうしろというんだ、というのが正直な思いだった。わが身を守ろうと、つい声を荒らげ、妻を責める言葉を口にしてしまうようになっていた。

そんなお互いの思いは理解されることなく、すれ違いを繰り返した。

亜夕美さんからすると、肝心な話も聞いてくれないのに、体だけは求めてくることも、受け入れられなかった。そんな気分ではなかったし、弘毅さんに対しては、亜夕美さんは嫌悪しか感じなくなっていた。

しかし、妻の拒絶は、弘毅さんの態度を余計頑なで、攻撃的なものにした。「ただいま」も言わず、黙々とビールを飲み始め、その態度を咎められると、酔いも手伝って、妻を罵る暴言を吐き散らし、大暴れすることもあった。

子どもたちはすっかり怯え、父親が帰ってくると急に黙り込み、父親がいなくなると、ほっと表情を緩めるようになっていた。何のために一緒に暮らしているのかわからなくなり、離婚する以外に、この状況を抜け出す道はないのではないかと、亜夕美さんは真剣に考えるようになっていたのだ。

レッスン1　すれ違う愛着スタイル

この不幸なカップルの状況は、多くのカップルにみられる一つの典型的なすれ違いの構造を示している。本章では、まず手始めとして、夫婦のすれ違いの根底に、しばしばひそんでいる問題について学ぶことから始めよう。

対人関係、ことに夫婦や恋人のような親密な関係において、その人が相手とどのようなかかわり方をしているかを理解するうえで、とても有用な手がかりとなるものが、愛着スタイルと呼ばれるものだ。

愛着スタイルとは何かを説明する前に、そもそも愛着とは何か、を簡単に述べておく必要がある。愛着とは、人と人とを結びつける「絆」を支えているものだ。それは、心理的な結びつきである前に、生物学的な仕組みだ。というのも、同じ仕組みは、犬や馬やサルといった他の哺乳類にも備わっていて、オキシトシンというホルモンによって司られているからだ。

人間であれ、馬やネズミであれ、親が子を一生懸命育て、可愛がるのも、群れや家族をつくり、仲良く暮らすのも、このオキシトシンを介した愛着という仕組みが備わっているからこそできることなのだ。実験的に、仲睦まじい動物の夫婦に、オキシトシンが働かなくなる薬剤を投与すると、関係が壊れ、子育てもしなくなり、自分のことや新しい恋愛にばかり精を出し始める。愛着がなぜ重要かは、この一事からもご理解いただけるだろう。

愛着の仕組みが、うまく働いているかどうかによって、そのふるまいは決定的な違いを生むことになる。幼い頃から特定の養育者によってよく世話をされた場合には、オキシトシンの仕組みがよく発達し、愛着も安定する。このタイプは、安定型と呼ばれる。

オキシトシンには、フレンドリーな気分にしたり、親密な関係が長続きするようにする作用だけでなく、不安感やストレスを抑えたり、相手の顔を覚えるといった社会的な認知の能力を高めたり、相手の立場に共感し寛大にする作用もある。したがって、安定型の愛着スタイルをもつ場合には、他者との親密な関係が維持されやすいだけでなく、思いやりがあり、優しく、よく気が回り、親切で、不安やストレスを感じにくくなる。

それに対して、幼い頃に不十分な愛情や世話しか与えられなかったり、それ以降でも、愛情を奪われたり傷つけられる体験を繰り返すと、愛着の仕組みがうまく発達せず、不安定型の愛着を示す。そのまま大人になり不安定型の愛着スタイルを身につけた場合、安定した絆をもち、子育てすることに困難を抱えやすいだけでなく、優しさや思いやりに欠け、過度に厳格だったり、相手の気持ちに無頓着だったり、不安やストレスを感じやすかったりする。

この不安定型の愛着スタイルにも、大きく二つのタイプがある。一つは、回避型と呼ばれるもので、誰に対しても親密な愛着というものが築かれにくいタイプだ。心を閉ざすことで自分を守っていて、もっとも大切な存在とさえ、本当の意味での気持ちのつながりがもてない。表面的なところでだけかかわっている方が、面倒を避けられるというわけだ。優しい愛情に欠けた環境で育った人に典型的に見られる。

もう一つは不安型愛着スタイルで、回避型とは正反対に、過剰なまでに親密な関係を求めようとするタイプだ。いったん深い仲になるといつも一緒にいようとしたり、絶えず愛されている証拠を求めたり、少しでもかまわれないと機嫌が悪くなる。パートナーに依存し、頼ろうとするが、同時に、少しでも相手の愛情が薄れたとか、優しくないと感じると、怒りを覚え、相手に背を向けたり、攻撃したりする。

不安型は、クールで、あっさりとした関係を好む回避型とは対照的に、濃厚でべたべたしたかかわりを求めるので、いかにも情が深く、一途な愛情の持ち主のように思われがちだが、そう結論した人は裏切られることになる。このタイプは、少しでも放っておかれると、寂しさに耐えられず、別の人を求めてしまうという一面をもつのだ。意外に心変わりしやすい。つまり安定した絆が維持されにくいという点で、回避型とは理由は異なるものの、結果的には同じことになりかねない。

不安型になる背景にも愛情不足がかかわっているが、回避型とは少し事情が違っている。不安型の場合には、愛情や優しさが気まぐれに与えられたり与えられなかったりして、極端に差がある環境で育ったということが多いのだ。母親が気分次第で、メチャクチャ可愛がるかと思えば、プイと拒否したり、激しく叱ったりというケースだ。すごく可愛がってくれていた人が、急にいなくなってしまったという場合も、同じような傾向を生む。


不安型と回避型の反応は、それ以外の点でも百八十度違っている。たとえば、悩みごとやストレスを抱えたとき、不安型は過剰なまでにその苦しさを訴え、相談し、周囲の同情や助力を得ようとする。それに対して、回避型は、困った問題ほど、周囲にそのことを打ち明けず、相談しようとしない。心を閉ざすか、まるで何事も問題がないようにふるまうかして、助けが必要なことほど助けを求めないのだ。

それゆえ、助けを求められたときの反応も、およそ正反対だ。困っている人から助けを求められると、不安型の人は過剰なまでに相手を助けようとする。自分のことを放り出すだけでなく、相手が本来自分でするべきことまでしてあげようとする。過剰に騒ぎすぎ、手を出しすぎるきらいがあり、そのため、せっかくの助けがしばしば空回りしてしまう。親切が行きすぎてしまいやすいのだ。

それに対して回避型は、クールであるばかりか、面倒ごとを避けようとする。その結果、相手が困っていないときには、親切で優しい人に見えていたのに、いざ困って助けが必要になると、そっぽを向いてしまうのだ。助けを求められることに、優しさではなく怒りで反応することも珍しくない。面倒なことに巻き込もうとしている相手に対して、怒りを覚えてしまうのだ。

こうした予備知識を頭に入れて、もう一度、先ほどのケースを振り返ってみよう。

愛着スタイルという観点からいうと、亜夕美さんは、典型的な不安型だと言える。心理的には、常に夫に頼ろうとし、相談相手として求めている。自分で考えて判断したらいいようなことも、逐一話して、自分のやり方でよかったと言ってほしい。夫に話すのは、「それでいいんだよ」という夫からの承認と支持を得たいからでもある。

一方、夫の弘毅さんは、みごとな回避型だ。もともと親密な関係や情緒的なつながりをもつのが苦手だった。自分の気持ちを言ったり、困っていることを相談したりもできなかった。弘毅さんは会社のストレスを山ほどためていたが、それを妻に言ったりはせず、心の中に押し込んで蓋をしていた。

二人の間の愛着スタイルのギャップは、平穏なときにはそれほど目立たないが、問題が起きると顕著になる。亜夕美さんの方は、何から何まで相談しないではいられず、夫に助けを求めようとした。ましてや大切な子どもが困った状態にあることに心を奪われ、それ以外のことが見えなくなっていた。

一方、夫の弘毅さんは、自分の状況や苦しさについては、何も打ち明けることも、助けを求めることもせず、心に押し込めていた。何も言わないので、妻は、夫が心に大きなストレスをため込んでいることにも気づかない。さらに不幸なことに、妻が助けを求めようと大騒ぎすればするほど、回避型の夫は、それを鬱陶しく思い、優しくするどころか、怒りや攻撃で反応してしまう。妻が優しい言葉や支えを求めれば求めるほど、否定する言葉や無関心な態度で傷つけられるという事態に至ってしまったのだ。

この悲劇的なズレは、愛着スタイルという観点なしでは、到底理解できない。

二人は夫婦であっても、感情や行動の反応の仕方が、別の星の住人ほど違うのだ。

もし亜夕美さんが、弘毅さんが苦しいことほど言葉にして分かち合うことができず、心に押し殺してしまうということを知っていたら、そして、もし弘毅さんが、亜夕美さんが嘆きや愚痴を言うことは、弘毅さんを責めようとしているのではなく、ただ「大変だったね」と、いたわってほしいだけだということを理解していたら、二人のすれ違いは、ここまでエスカレートしなかっただろう。

夫婦関係に深刻な亀裂が生じるとき、そこにはしばしば愛着スタイルのズレが関係している。そのことを踏まえて、掛け違えたボタンをかけ直す必要があるのだ。

第二章　自己愛夫に傷つく妻の自己愛

ケース2　失われた女盛り

内科の女性医師として活躍する真希子《まきこ》さんは、数年前から、外科医の夫に対して強い失望と反発を覚えるようになっていたが、最近では生理的嫌悪感や憎しみさえもわくようになって、真剣に離婚を考え始めている。夫は同じく医師として活躍し、社会的地位や収入にも不足はないが、することなすことが我慢ならなくなっている。夫婦関係も、この二、三年はまったくなくなっているが、真希子さんは夫に肌を触れられるのも、鳥肌が立つほど嫌だと感じてしまう。

その一方で、まだ四十歳になったばかりの真希子さんは、女盛りを虚しく過ごしてきたことに、強い喪失感と怒りを覚え、夫と一刻も早く別れて、女性としての歓びを取り戻したいという焦りにとらわれてしまう。それを行動に移せないのは、社会的な体面というよりも、子どもへの影響を心配するからだ。

子どもたちは、父親と母親がケンカをしたりするのを露骨に嫌がり、二人が表面的であれ仲よくしていると、とてもうれしそうだ。ソファーに離れて座っていると、もっとくっつけようとすることもある。父親のことも好きで、尊敬しているようだ。そんな姿を見ると、離婚になかなか踏み切れない。しかし、気持ちも体も限界だと感じている。

結婚したときは、理想の伴侶を手に入れたと、幸せいっぱいだったのに、なぜこんなことになってしまったのか。

真希子さんは、世間的には裕福な財産家の家で生まれ育ったが、家庭環境は悲惨なものだった。母親が精神的に不安定で、家事や育児を満足にできなかっただけでなく、未熟な母親は、真希子さんを相談相手にして、まだ小学生の頃から、大人に相談するようなことまで真希子さんに打ち明けて、嘆いたり、不満をぶつけたりしてきたのだ。父親に対する性的な不満まで真希子さんは聞かされ、母親を宥《なだ》めたり、慰めたりして、まるで保護者か夫の役目を引き受けてきたのだ。

だが、そんなふうに尽くしても、真希子さんが大学に進学し、実家を離れるときには、自分を見捨てたとなじられ、一人だけ幸せになってと罵られた。しかし、これ以上母親や実家に縛られることに耐えられず、真希子さんは、実家から遠く離れた大学の医学部に進んだ。

医学部の学生だったときも、母親はまるで真希子さんを困らせようとするかのように、何度も精神的に不安定になり、真希子さんはそのたびに帰郷を余儀なくされた。

研修医として働いているときに出会ったのが、大学病院に勤務していた正彰《まさあき》さんだった。正彰さんは開業医の息子で、お坊ちゃん育ちのエリートだった。そして真希子さんとは、対照的とも言えるほど恵まれた家庭環境で育っていた。付き合い始めると、才色兼備で、しかも性格も控えめで、芯の強い真希子さんに、正彰さんはたちまち夢中になった。この女性以外に妻にすべき人はいないと思ったらしく、会って一か月もすると、家族に紹介された。

立派な正彰さんの両親に気後れしながら、世の中にはこんなに恵まれた、安定した家庭があるのだと、自分の境遇との違いに愕然とし、また同時に魅せられていた。まさにそれは、真希子さんが夢に見た理想の家族のように思えた。

正彰さんからプロポーズされたとき、彼のことを好きとか嫌いとかいうよりも、正彰さんが当たり前に所属している、幸福な家族の一員に自分もなるのだという考えが、真希子さんを魅了した。ただ、自分のような不安定な家庭の出身者が、正彰さんのような恵まれた人の妻になっていいのかという後ろめたさを覚え、彼を騙すような心境になった。正彰さんに、そのことを涙ながらに打ち明けると、彼は真希子さんの心配を一笑に付して、正彰

「僕はきみと結婚するんだ。きみのお母さんと結婚するんじゃないよ」と言ってくれたのだ。

研修を終えるとすぐに結婚した。最初の子を妊娠したのは、それから間もなくのことだった。結局、真希子さんは家庭に入り、それから何年かは子育てに専念することになった。夫は仕事にかまけ、実家の母にも頼れないなか、育児は大変だったし、医師としての仕事ができないことに一抹の焦りやモヤモヤがあったが、まだその頃は幸せだったろうか。

夫は自分が最優先でないと、すぐに不機嫌になる人だった。家のことだけをやっているうちは、まだどうにかなったが、仕事からあまりに長く離れることも心配で、真希子さんが子どもを保育所に預け、病院に復帰すると、真希子さんの負担はどんどん増えていった。当然、夫の世話にまでは手が回らないこともあった。

忙しいなか、用意した食事を、夫は、「こんなものが食えるか」と手をつけようとせず、真希子さんを罵った。夫も昇進して、負担や責任が増えていたこともあるだろう。些細なことで爆発し、日頃の不満を妻にぶつけ、罵倒するということが繰り返されるようになった。

しかし、その頃の真希子さんは、夫を怒らせるのは自分の努力が足りないのだ、自分が不完全な人間だからだと、自分を責め、夫に謝り、夫の言いなりになっていた。夫はますます増長するように、何でも悪いことは真希子さんのせいにして、真希子さんを責めるのだった。それでも、自分のような悲惨な家庭の出身者である不完全な人間を妻に迎えてくれた夫に対して、頭が上がらず、逆らうことなど考えられなかった。そうして夫の不機嫌な顔に怯え、機嫌をとる生活が、何年も続いた。

そのことに疑問を感じるようになったのは、子どもが、不登校になってしまったことからだった。自分がこれほど我慢して、これほど尽くしても、子どもが学校にさえ行けなくなってしまったことに、自分の人生が、どこかおかしかったのではないかという思いに再びとらわれるようになったのだ。一体、何のために我慢して、夫に合わせてきたのか、わからなくなってしまったのだ。

やっと手に入れたと思っていた理想的な家庭でやっていることは、昔、母親の顔色をうかがって暮らしていたように、夫の顔色をうかがって、びくびくしながら暮らしているだけで、何も変わっていないではないか。母親が夫に変わっただけで、これほど尽くしても、母親がちっとも喜ばなかったように、夫も不満ばかりを言い、おまけに子どもまでもおかしくなっているのだとしたら。

同じように暮らしながらも、真希子さんの心の中では、以前のように夫を尊敬することも、愛することもできなくなっていた。どうにか機嫌をとり、波風が立たないようにバランスをとることにも、大きな虚しさを覚えるようになっていた。そうなってくると、夫という人間の欠点や男性としての魅力のなさが、見まいとしても目に飛び込んできて、反発や嫌悪感を覚えてしまうようになった。

真希子さんは、いま、女として優しくされたいという思いに強くとらわれていた。しかし、いくらやり直そうと努力したところで、あまりにも傷つけられてきたので、もはや出会った頃の愛情を取り戻すことは無理だと感じていた。

今は子どものために、家庭の中にとどまるしかないが、しかし、本心を言えばすぐにでも家を出て、自分らしい暮らしを取り戻したい。そして、自分を女として愛してくれる男性と出会い、失われてしまったこの十数年の月日を早く取り戻したい。

もちろん、その相手は、誰でもいいというわけにはいかない。真希子さんが心から尊敬できる男性で、真希子さんの気持ちやすばらしさをわかってくれて、心から愛してくれる人だ。

真希子さんは、前に踏み出したい気持ちと、しかし、子どもから父親を奪ってはいけないと、後ろ髪をひかれる思いとに、身も心も引き裂かれるような苦しみを味わっていた。

レッスン2　自己愛をめぐる闘い

このケースの場合、二人の間に、何が起きていたのだろうか。二人を惹きつけ合い、そして結局、幻滅と反発に至らしめたものは何だったのだろうか。

愛着スタイルという観点でみれば、このケースも、不安定な境遇で育ち、自分に自信がなく、人一倍愛されたい、認められたいと願う不安型の妻と、思いやりに欠け、妻を自分の所有物のように支配するだけで、気持ちの面で妻と交流することに関心のない回避型の夫のカップルと捉えることができるだろう。愛着スタイルの面でのすれ違いも大きいが、このケースの場合、それだけでは捉えきれない、もう一つの大きな課題が立ちふさがっていた。

それは、自己愛の問題だ。現代人にとって自己愛を満たすことは、非常に大きな比重をもつようになっている。現代人の愛や夫婦の関係を語るうえでも、自己愛の問題を抜きにすることはできなくなっている。本章では、自己愛という観点から、このケースを考えることで、カップルを動かすもう一つの重要なダイナミズムについて学ぼう。

フロイトの時代には、自己愛は、他者に対する愛が発達してくる以前の未熟で未分化な性的エネルギーと考えられ、不健全で、病的なものと考えられていた。しかし、その後、自己愛は、自分を大切にするために必要な能力であり、自己愛が成熟を遂げることで、自分を信じる力、つまり自信が育まれるとともに、人を敬う気持ちや、理想や志を成し遂げようとする力も生まれると考えられるようになった。

未熟な自己愛は、二つの側面をもっている。一つは、自分自身を偉大な存在のように思う面で、自己顕示欲と万能感が特徴だ。もう一つは、偉大な存在を他者に見出す面で、理想化という形で表れる。簡単に言えば、自分自身がスターになりたいと思うのは、前者であり、アイドルやスターに自分の理想像を投影し陶酔するのは、後者だ。

アイドルやスターが、日常の生活において身近な存在となっていることにも表れているように、現代に生きる人々は、自己愛をくすぐり満たしてくれる夢を追おうとする。そうした傾向は、恋愛や現実の結婚においても、無視できない役割を果たすようになっている。自己愛はうまく満たされると、大きなエネルギーを生む。恋愛においても、自己愛を満たし合う関係は、激しい引力を生む。

もっとも典型的なものが、一方がもう片方を理想化し、理想化された方は、自分を崇拝する者の上に君臨することで、自己顕示欲と万能感を満たすというダイナミズムによって結びついたカップルだ。一方は、自分にとってのアイドルを手に入れたことに酔うことで、もう一方は、自分を神のように敬う崇拝者を手に入れることで、共に自己愛を満たし合う。

この関係は、理想化と崇拝が続く間は維持されるが、現実の存在に幻滅し、理想化が崩れるとともに、破綻する運命にある。まさにそうしたことが、このカップルにも起きたと考えられる。

夫は裕福な開業医の家庭で育ったが、母親の愛情や関心はむしろ後継ぎである兄の方に注がれ、家庭の中ではむしろ影の薄い存在として扱われていた。そんな不遇感を補うように、自己愛をいびつに肥大化させ、過剰な自信と周囲を見下す態度を身につけていたのだ。

一方、真希子さんは、不安定な家庭環境で育ち、そうした出自に対して引け目を感じていた。自分を実際よりも価値のない人間とみなすところもあった。学業面で頑張り、優秀な成績を収めることで、自分にも価値があると思おうとしていたが、心の底ではやはり自分のことを否定的に見ていた。

そんなときに出会った自信家の夫は、真希子さんには頼りがいのある存在として映った。しかも、まばゆいような境遇で育ち、そんな恵まれた家庭の匂いも、真希子さんにとっては憧れであり、いつの間にか夫を理想化していたのだ。

矮小な自己愛しかもたない人は、憧れと尊敬の対象を理想化し、救世主のように思い込んでしまう。

だが、一緒になってみれば、夫は見かけ倒しで、実際には自信のなさや愛されていないことを、尊大で強気にふるまうことで、ごまかしているにすぎなかった。それでも、理想化した思いが残っている間は、夫に一生懸命仕え、理不尽なことにも頭を下げ、言いなりになることで夫に気に入られようとした。夫が崇拝の対象であることが、彼女の愛の原動力だったので、愛を守るためには、彼女は夫の前に跪《ひざまず》くしかなかったのだ。

一方、夫は、自分を崇拝し賞賛してくれる存在を、切実に必要としていた。妻の崇拝と賞賛が自己愛をくすぐり、未熟な顕示欲求を満たすことが、何よりもエネルギーと活力源だったからだ。

その意味で、最初の誤算は、早く子どもが生まれてしまったことだった。子どもに妻の関心とエネルギーが向かうと、妻はもはや自分だけの崇拝者や奉仕者ではなくなり、自己愛の強い夫は、しばしば見捨てられたように感じ、そのことに怒りを覚えるからだ。

だが、この事態も、夫はうまく切り抜けた。子どもができたのを潮に、妻に仕事を断念させ、家庭に閉じ込めることに成功したのだ。その結果、夫は経済的に妻より優位な立場となり、また妻の関心とエネルギーを、仕事にまで奪われずに済んだ。

実際、能力の高い妻は、家事や育児を完璧にこなし、内助の功を発揮してくれた。夫に優しくする余裕もまだ少しはあった。夫としては、まだ許容できたのだ。

明らかにおかしくなり始めたのは、妻が仕事を再開し、次第に夫の世話にまで手が回らなくなった頃からだ。猫の手も借りたい忙しさで、仕事から帰っても、座る間もなく夕食の用意だった。夫の相手どころではなかった。思いやりのある夫であれば、妻の大変さを理解し、家事にも協力しようとするだろう。

だが、自己愛の強い夫の場合は、自分のことがないがしろにされていると感じ、怒りを覚えてしまうのだ。妻の大変さを思いやるどころか、妻に不満を言い、責めることが増えていく。

真希子さんは、良き妻でもありたいという義務感が人一倍強かったので、夫に不満を言われると、そのことがひどく応えて、睡眠時間を削ってでも、夫に満足してもらおうと努めた。しかし、自分が第一優先でなくなったことに、そもそも不満を抱いていた夫は、真希子さんの大変さをいたわり、その努力を認めるよりも、できていないところだけを非難し、ついには人格的な攻撃まで加えるようになった。

妻を責めることが常態化すると、夫は仕事のストレスのはけ口として、妻に八つ当たりするようになっていた。それでも、真希子さんは自分が至らないのだと思い、頭を下げ、許しを請い続けた。

だが、それにも限界があった。息子が学校に行けなくなり、困っていても、何の助けにもならず、ただ真希子さんを責めることしかできない夫に対して、深い失望を感じるようになったのだ。

事態は逆回りを始める。これまで耐えに耐え通し、傷つけられ続けてきた真希子さんの自己愛は爆発し、反乱を起こす。いまや怒りにとらわれているのは、真希子さんの方だった。逆襲を始めた妻に夫は焦り、逆ギレして、もう一度屈服させようと、嵩《かさ》にかかって攻撃する。理屈で間に合わなくなると、怒鳴り声をあげ、ついには物に当たり、手まで出すようになった。

夫に対して恐怖を感じた瞬間、真希子さんの中でぎりぎり保たれていた夫への尊敬の念が、完全に崩れ去ってしまった。夫は救世主などではなく、迫害者、圧制者にすぎないことに気づいたのだ。理想化の魔法が解けてしまったとき、あとに残ったのは、ただ身勝手で、強がることしか知らない、何の魅力もない、唾棄《だき》すべき中年男だった。

自己愛に取りつかれるとき、いたわりや優しさどころか、自分の方が優位に立とうとして権力争いを繰り広げてしまう。パートナーに対してさえも、自分の方が優れている、自分の方が正しい、自分の方が賢いと言いたいのだ。優れた自分しか認めてもらえなかったため、相手より優ることで、自分を確かな存在だと感じたいのだ。パートナーからいたわりや優しさを求められると、まるで自分の完全性を否定されたかのように立腹し、逆に痛めつけようとする。

自己愛が、相手より優ることではなく、自分のルールや価値観を押し付けるという形をとることもある。支配されて育った人は、優しさではなく、厳格さによって思い通り支配しようとする。自分の秩序に従わせることが、優越することと同じ満足を生むのだ。それもまた、自己へのとらわれ方の一つだ。相手を支配し、コントロールしようとする。自分のルールが正しいと押し付ける。

自分が優ろうとするにしろ、自分のやり方や価値観を押し付けるにしろ、そこに、相手の気持ちは不在であり、相手への優しさはない。それは、自己愛をめぐる闘いであり、家庭は共感や協力の場ではなく、覇権争いの場となってしまう。その争いに勝とうが負けようが、どちらも本当にほしかった優しさや愛を手に入れることはない。

一方が他方を崇拝し、あるいは義務感から相手の支配やコントロールを受け入れている間は、関係は成り立つが、いつかその人が、自分を押し殺し続けることに疑問を感じ、自分を取り戻そうとしたとき、反発とぶつかり合いに行き着くことになる。だが、それは自分を取り戻すために必要な段階だと言えるだろう。

第三章　怒りのスイッチ

ケース3　美しき諍《いさか》い女《め》

三十代の奈津季《なつき》さんが、夫とともに助けを求めてきた。奈津季さんは、ロングヘアが似合う美貌の女性で、妖艶ともいえる成熟した魅力を漂わせている。甘えるように喋《しゃべ》る口調も艶《つや》っぽく、耳をくすぐるようだ。笑顔も魅力的で、普段の表情はとても穏やかだ。

しかし、夫の話では、その様子が一変するのだという。怒りのスイッチが入ると、まるで夜叉《やしゃ》のように顔つきや声まで変わり、何をするかわからない。罵詈雑言《ばりぞうごん》を浴びせるだけでは足りず、手当たり次第に物を投げて壊したり、夫の頬にビンタをくらわせたりする。いきなり首を絞めてきたり、後頭部を蹴られたこともある。本人も何をしたか、よく覚えていないということもある。

それが、どんどんエスカレートして、夫は一緒に暮らしていけないと思うようになった。夫も奈津季さんのことを愛していたが、身の危険を感じるとともに、もし事件にでもなったら、どちらにとっても不幸だと思い、別れた方がいいのではないかと思うようになっていた。

奈津季さんの方も、怒りにとらわれている瞬間は、夫に対しては憎しみしか感じないのだが、怒りが収まってしまうと、なぜあそこまで怒ってしまったのか、自分でもよくわからないという。夫に対して完全に満足しているわけではないが、夫が別れると言い出すと、狼狽し、それは困ると、泣いて謝る。もうしないと誓うが、二、三日もすると、また同じことになってしまう。

奈津季さんの実家は、老舗《しにせ》の和菓子屋で、祖母も母も、そして奈津季さんも、養子を迎えてきた。いわゆる女系家族だ。もともと夫は、婿養子に入るつもりはなく、奈津季さんも店を継ぐことに抵抗してきたが、結局、母親の説得に夫の方が折れて、婿に入ってくれたのだ。

その点では、夫に感謝しているが、不満もあった。あのとき、強引に自分を連れ出してくれていれば、店に縛られた人生から逃れられたのにという思いが残る。大体、夫は八方美人なところがあり、人に頼まれると嫌と言えない。いい顔をみせてしまう。

優しいといえば優しいのだが、強さに欠ける。結局、守ってくれないのでは、いつか見放されるのでは、という不安もある。

だが、行動だけ見れば、夫を裏切り、その原因をつくったのは奈津季さんの方だった。その「事件」は、二年ほど前に起きた。奈津季さんは、フェイスブックで〝再会〟した元同級生との不倫に走り、妻の様子がおかしいと思った夫が、メールの履歴を調べて、ことが露見したのだ。

奈津季さんがなぜそんな行動に走ってしまったのか。そのきっかけとなったと思われるのが、母親の急死だ。母親は、店を取り仕切っていただけでなく、奈津季さんにとってはあまりにも大きな存在だった。反発しつつも、すっかり母親に頼っている面もあった。自分では何一つ決められず、大事なことは、全部母親に決めてもらっていた。

母親の突然の死は、奈津季さんの心の拠りどころを奪うことになったのだ。しかも、母親という心棒を失って、店もてんてこ舞いだった。夫は、店の方に泊まり込むようになり、住まいのマンションに帰らない日が増えた。帰ってきても、疲れ果てた夫は、奈津季さんにかまう余裕をなくし、奈津季さんは寂しさを抱えるようになっていた。

そんなとき、近づいてきたのが、元同級生の男性だった。やり取りを交わすうち、何でも相談するようになっていた。その彼も妻とうまくいっていないとのことで、不満を抱えていた。「昔からずっと好きだった」と打ち明けられ、「会いたい」と言われると、奈津季さんは拒めなかった。

情事が始まった。すっかり回数も減ってしまっていた夫とのマンネリのセックスとは違う、新鮮な歓びを久しぶりに味わった。奈津季さんはのめりこみ、自分を制御できなくなっていた。そんなに頻繁に会い、夜中までやり取りしていれば、すぐにばれてしまうという理性も働かなくなっていた。案の定、突然帰ってきた夫が、夜なのに妻がいないことを知り、不審に思ったことで、尻尾をつかまれることになった。始まってから、一か月も経っていなかった。

露見したとわかったとたん、あれほど情熱的だった彼氏は、「それはまずいな。しばらく会うのはよそう」と言ったきり、連絡をよこさなくなった。それでも、執拗に電話やメールをしてしまったので、相手の奥さんにもばれてしまった。彼は別人のように冷たくなり、ケータイもブロックされてしまった。

さすがの夫も、妻の裏切りに激怒し、離婚だと言われ、「そんな女に、子どもは渡さない」「店のことも自分でやったらいい」と突き放された。夫と離れることしか考えていなかった奈津季さんは、そうなれば子どもとも別れなければならないことや、夫までいなくなったら、店はどうなるかと今さらのように思って、急に恐ろしくなった。途方にくれた奈津季さんは、泣いて謝った。夫の方も、奈津季さんを失うことの痛手を考えたのか、次第に冷静になり、結局、今回だけは許してくれることになった。その夜、荒々しく求めてきた夫に久々に抱かれながら、いつもよりどちらも激しく興奮していた。

奈津季さんは、夫が自分の過ちを許してくれたことに感謝し、また、刺激がなくなっていた愛情も、息を吹き返したようだった。これでよかったのだと、奈津季さんは思った。

しかし、そんな平穏な日々は、わずかしか続かなかった。夫との関係が再び刺激を失い、生活が単調な日常の繰り返しとしか感じられなくなるころ、奈津季さんは、冒頭に述べたような怒りの発作を繰り返すようになったのだ。いつもというわけではない。ひと暴れした後は、夫に謝り、しばらくは良き妻、良き母親として行動する。ところがまた、何かの拍子にスイッチが入ると、別人のように夫を罵り、怒り狂うのだ。

最近では、夫だけでなく、子どもに対しても、怒りの矛先が向かうことがある。一体、この女性の中で、何が起きているのだろうか。

レッスン3　非機能的怒りが人生をむしばむ

夫婦やパートナーとの関係が悪化していく過程において、破壊的な作用を及ぼすのが、互いに対する怒りだ。関係がおかしくなり始めると、ケンカが増え、ケンカにならないまでも、双方の心に不満や怒りがはびこり始めるというのが、通常だ。

怒りは激しい情動であり、理性によるコントロールが難しい。それゆえ、一時的な感情にすぎないにもかかわらず、行き過ぎた言葉や行動につながりやすく、取り返しのつかない事態になることもある。

一過性だった怒りは、次第に慢性的な怒りに変わっていく。そうなると、ストレス・レベルが上がり、ストレス・ホルモンである副腎皮質ホルモンが分泌されっぱなしの状態になり、心身の不調も起きやすくなる。

また夫婦や当事者だけでなく、周囲にも悪影響が及びやすい。離婚自体よりも、両親の諍う姿を目にすることの方が、子どもにとって有害な影響があるとする研究もある。

怒りの問題をどう乗り越えるかは、夫婦やパートナー同士が、幸福で安定した暮らしを維持するうえで、非常に重要な課題だと言える。

ただ、怒りとひと言で言っても、さまざまなタイプの怒りがある。タイプによって対処も異なるので、まずどういう怒りであるか、その性質を見極める必要がある。

そもそも怒りという感情を、我々がもっているのは、それが有用なものだからだ。大体、怒りという情動が進化してくるのは、両生類・爬虫類くらいからで、鳥類や哺乳類から進化した愛着などよりも、もっと長い歴史をもつ仕組みだと言える。それほど、生存にとって重要なものなのだ。わが身やわが子の安全が脅かされると怒りのスイッチが入り、攻撃性が高まって果敢に外敵と戦うだけでなく、強い怒りを示し、威嚇することで、戦いを避けられることも多い。

怒らないものよりも怒るものの方が生き残れたから、人類に至るまで、怒りの感情が保持され続けているのだ。

さらに、我々人間は、怒りをコントロールする術《すべ》も進化させてきた。人類にだけ高度に発達している前頭前野という脳の領域の重要な働きの一つは、怒りなどの強い情動をコントロールすることだ。怒りに飲み込まれるのではなく、怒りを巧みに操ることで、交渉を有利に進めたり、愛情を深めたりすることも可能なのだ。

怒りという強い情動のパワーと、知恵という理性のコントロールが組み合わさることで、使いようによっては、それは非常に効果的なコミュニケーションの手段となる。

怒りをうまく使えば、相手とのコミュニケーションや関係をより深まる方向に促すこともできる。なかなか煮え切らない相手に怒りをぶつけ、本気モードにさせたり、優しさや配慮を忘れがちな相手に怒りを示すことで、礼儀や思いやりを取り戻させることもできる。こうした建設的な怒りは、機能的怒りと呼ばれる。

それに対して、ただ爆発し、信頼関係を壊し、傷痕しか残さないような破壊的な怒りは、非機能的怒りと呼ばれる。夫婦がいがみ合い始めたとき、増えてしまうのは、こちらの非機能的怒りだ。すべての怒りが悪いわけではなく、非機能的怒りばかりが繰り返されることが問題なのだ。

これに関係するのが、第一章で取り上げた愛着スタイルだ。愛着スタイルが安定型の人は、怒りも機能的なものであることが多いのに対して、不安定型の人は、非機能的怒りに陥りやすい。なかでも不安型の人は、慢性的に不満や怒りを抱きやすく、愚痴や批判を絶えず言い続けたり、ときにはヒステリックな爆発を起こす。一方回避型の人は、普段はあまり不満や怒りも口にしない。ぎりぎりまで我慢して、ついに爆発すると、ひどいことになるということが多い。

このケースの場合、妻の奈津季さんは絶えず誰かの支えや承認を必要とする不安型の愛着スタイルの持ち主だと言える。一方、夫は、思いやりや冷静さ、寛容さを備えた安定型の人物だ。奈津季さんのコントロール不能の怒りは、一番自分を支えてくれている夫さえも、離婚を考えるところまで追い詰めてしまっているという点で、非機能的なものだと言える。一方、夫の怒りは、妻にわが身を反省させ、結婚生活をやり直そうとするきっかけになっているという点で、機能的なものだと言える。

そもそも怒りは、わが身や大切な存在を守るためのものだ。それが、奈津季さんの場合には、大切な存在を傷つけ、わが身にも災いを降りかからせるものになってしまっている。

こうした非機能的怒りにも、いくつかのタイプがある。

代表的なタイプの一つは、自己愛的怒りと呼ばれるものだ。幼い自己愛は、自分が完全で特別で優れた存在でありたいと思う。それゆえ、幼い自己愛を抱えている人は、自分の完全性や特別性、優越性を否定されると、激しい怒りを覚える。そうなったら、相手との関係などおかまいなしに、怒りの反応を示してしまう。第二章のケースで、外科医の夫がるだろう。

妻に対してみせていた怒りは、自分を二の次にされたことによる自己愛的な怒りだと言えるだろう。

第二のタイプは、両価的怒りだ。人は、本心では求めているのに、拒否したり、攻撃したりすることがある。こうしたアンビバレントで天邪鬼《あまのじゃく》な反応は、両価型反応と呼ばれるが、実は、不安型の愛着スタイルの人によくみられるものだ。不安型は、子どもでは両価型と呼ばれる。両者は、基本的に同じものだ。優しくしてほしいのに、拒否したり、わざと怒らせる態度をとってしまうのが、両価型や不安型の特徴だ。

両価的な怒りの状態にあるとき、その人は、頼っていて、本当は求めている相手に対して、そっぽを向いたり、攻撃したりしてしまう。本当は甘えたい、優しくされたいのに、素直に行動できないのだ。いつもではなく、自分のことを拒否されたとか、自分が愛されていないと感じた瞬間に、そのスイッチが入り、頑なになってしまう。

第一章に登場した亜夕美さんや、この章で見た奈津季さんの場合も、その怒りの中心は、このタイプの怒りだったと思われる。求めているのに放っておかれることに、怒りを覚えるのだ。それは、適度に起きれば、機能的怒りともなり得るが、度が過ぎてしまうと、破壊にしかならない。

第三のタイプは、傷つけられたことへのとらわれだ。傷つけられれば怒りを覚え、抵抗したり攻撃したりすることは正当なことであり、むしろ必要だ。ところが、もうすでに終わったことで、いくら怒っても何の助けにもならないどころか、周囲との関係や生活、心身の健康をむしばむだけなのに、傷つけられたことにとらわれ続け、怒りがわいてしまう。

こうした状態になる背景として、傷つけられたときに過度に我慢してしまった場合や、繰り返し傷を受け、限界を超えてしまった場合が多い。そのとき放出していれば、そこまで傷つかなかったのに、怒りを押し殺して忍従してきたために、すぐには消しようのないほどに傷ついてしまったのだ。

第二章に登場した女性医師・真希子さんのように、夫の身勝手さや暴力に耐え続けてきたという人では、限界を超えたときに、もう相手のことが受け付けられなくなってしまう。夫に対して、怒りと嫌悪しか感じない。

そうなると、顔を合わすたびに小競《こぜ》り合いや爆発が繰り返されるようになる。有効な対処をしない限り、生活も行き詰まっていく。

実はもう一つ、非機能的怒りとなりやすいタイプがある。それは、自分を偽ることへの怒りだ。不本意な生き方を強いられたり、自分が本当は欲していない人生を歩まねばならなかったとき、こうした怒りが蔓延し、人生をむしばむことになる。

先ほどの奈津季さんの場合にも、実はこのタイプの怒りがひそんでいた。彼女は、母親に依存する一方で、母親から自立した人生を歩みたいという願望をもっていた。それを助けてくれる人として、夫に期待する面もあったのだ。しかし、夫は不甲斐ないことに、母親の言いなりになってしまう。

婿に入ってくれたことに上辺《うわべ》では感謝しつつも、心の奥底では、そんな夫に失望していたのだ。奈津季さんが求めていたのは、彼女を母親の呪縛から解放し、自由な生き方に導いてくれる、もっと強力な存在だった。

元同級生との不倫には、彼女のそんな願望もひそんでいた。自分一人ではそれを成し遂げられない彼女は、彼女の手を引いて、一緒に清水の舞台から飛び降りてくれる〝共犯者〟を求めていたのだ。

ところが、あっけなく男は去り、取り残された奈津季さんは、妥協して夫との暮らしに戻るしかなかった。しかし、それは本当に彼女が欲している生活ではない。彼女の心も体も、夫との日常に飽き飽きしてしまっていた。その気持ちを抑え込み、やり直すことを許してくれた夫に感謝しようとすればするほど、いわれのない怒りが、彼女を襲うようになったのだ。きれいごとを並べて、結局、自分を鎖につなぎ、生き埋めにしようとする存在に対して、怒りをぶつけずにはいられなかった。

彼女のまだ若く、激しい愛と刺激を求める心と体は、もっと自由に生きたがっていた。それゆえ、それを許さない現実に対して、心と体が勝手に反抗していたのだ。

第四章　愛と優しさに飢えて

ケース4　不倫妻の癒されない飢餓感

四十代初めの明日花《あすか》さんは、イライラや怒りが抑えられないことで悩んでいる。誰に対してもというのではなく、イライラをぶつけてしまうのは、一番親しい存在である子どもや彼氏に対してだ。以前は、夫に対してもそうだったが、今では夫との関係は冷え切ってしまっている。思春期の子どもがいるので、生活のことも考えると、離婚に踏み切れないが、生活の実態は、「家庭内離婚」の状態だ。

仕事はそれなりに頑張るが、家に帰ると疲れ果てて、何もする気になれない。食器を三日もそのままにしていたりする。食事の用意は、子どもの分だけはするが、夫の分は長く作っていない。

明日花さんの両親は、一回り年が違い、若い母親は、束縛しようとする父親を嫌っていた。そのことに腹を立てて、父親は母親によく暴力をふるっていた。そんな父親が嫌いだったが、母親のこともあまり好きではなかった。明日花さんは三人きょうだいの一番上だが、母親にはあまり可愛がられた記憶がない。母親が可愛がったのは、下の弟だった。明日花さんが高校生のとき、ショッキングなことが起きる。母親が男をつくって家を飛び出してしまったのだ。

そんな家庭から逃げ場所を求めたのが、彼氏だった。最初に付き合ったのは、高二のとき。その頃から自分の中に、〝気まぐれな女の部分〟が強まったと思っている。ケンカをしては仲直りの繰り返し。仲直りの儀式が、セックスだった。

一人が苦手で、いつも誰かそばにいないとダメなのに、束縛されるのも嫌い。付き合い始めたばかりの頃は、いつも一緒にいたいと思い、明日花さんの方がまとわりついて、一分でも離れたくなくなる。なのに、付き合い始めて半年も経つと、男の方の束縛がだんだん重荷になって、別れるというパターンだった。

遠距離恋愛で、電話で話しているときはいつも一緒にいたいと思っていたのに、実際に一緒にいられるようになると、相手の束縛が鬱陶しくなって、一か月で別れたこともある。明日花さんが拒否するようになると、男は思い通りにならないことにいら立って、暴力をふるうようになった。肋骨を折り気胸になったこともある。

もう懲《こ》り懲《ご》りと思うが、でも、誰かいないとダメなので、別れたらすぐ次の人を見つける。

明日花さんは、自他共に認める「尽くすタイプ」だった。そんな明日花さんが好きになる恋人は、言うことは立派だが、あまり働かない遊び人ばかり。まだ若かった明日花さんが稼いだお金で、食べさせているということも多かった。

その点、夫となった男性は、真面目に仕事をするタイプで、ちゃんとした会社に勤めていたので、初めてまともな人に出会ったはずだった。経済的にも安定し、包容力もあるように思えた。

夫は、働き者だが無口な方で、感情をストレートに出す明日花さんが魅力的に思えたようだ。結婚生活は、最初から波乱含みだった。元彼が、事故で亡くなったのだ。その知らせを聞いたとき、明日花さんは泣き崩れてしまった。自分が本当に愛していたのは、夫ではなく、その男性だったという気持ちを抑えきれなかったのだ。

自分がその男性と一緒になっていれば、彼は死ななくて済んだのではないかという思いもあった。だが、別の冷静な考えでは、一緒にならなくてよかった、一緒になっていれば、今頃未亡人だったと思ったり、そんなふうに考えている自分に罪悪感を覚えたりした。

その一件以来、新婚気分は急に色あせ、夫との間もぎすぎすするようになった。そんなとき、長男を妊娠する。長男ができていなければ、一、二年後に別れていたかもしれない。子どもができたことで、迷いが消えた。夫婦仲も良くなった。二人とも子どものことに夢中だったので、余計なことを考える暇がなかったと言った方が正解だろうか。

それから、しばらく平穏な暮らしが続いた。刺激には乏しいが、落ち着いた普通の生活。その暮らしが、再び狂い始めたきっかけは、夫が脱サラをして事業を始めたことだった。明日花さんは不安を感じつつも、一方では、新しいチャレンジに胸をときめかしていた。人件費を減らすために、明日花さんも手伝いに入った。家事や子どものことも後回しにして、慣れない仕事に駆けずり回らなければならなくなった。

今まで優しかった夫も、資金繰りや伸び悩む売り上げのことで頭がいっぱいになり、明日花さんのことを思いやるどころではなくなった。何かうまくいかないことがあるたびに、明日花さんに当たることも増えた。朝から晩まで身を粉《こ》にして働き、夫の仕事を助けているのに、感謝されるよりも責められてばかりでは、明日花さんも立つ瀬がない。激しく言い返すことが増えた。疲れてイライラしていることもあり、些細なことでも、すぐに口ゲンカになった。夫だけでなく、子どもに対しても過度に厳しくなり、叱ってばかりになった。

夫とまともに話もできず、いがみ合ってばかりでは、何のために一緒に暮らしているのかわからなかった。

そんなとき現れたのが、取引先の男性だった。相談に乗ってもらっているうち、越えてはならない一線を越えてしまっていた。それから、頻繁に会うようになった。もともと隠しごとは苦手だった。

あっけなく、ことが発覚してしまった。子どものために結婚生活は続けることになったが、それ以来、気持ちのつながりは切れてしまった。夫の気持ちを取り戻そうと努力したときもあったが、仲直りしようとしたセックスを夫から拒否されたとき、夫は許していないことを思い知らされた。

以来、夫の気持ちを取り戻そうとする努力もしなくなった。単なる同居人である他人。子どもの親という関係で、辛うじて成り立つ関係を、細々と維持している。

食費や光熱費、学校の費用以外は、一切お金も出してくれないので、明日花さんは、夫の仕事の手伝いをやめて、外で働くようになった。そこで、また彼氏ができて付き合うようになったが、夫も見て見ぬふりだ。

どの彼氏とも、最初はときめきを覚え、夢中になって尽くすが、一年ともたずに、愛想が尽きて別れることを繰り返している。

レッスン4　尽くす女が、夫よりろくでもない男に走る心理

熱烈な恋愛で結ばれ、すべてを犠牲にして尽くした相手でも、かまわれなくなると、寂しさに耐えられなくなって、他の異性に走ってしまう明日花さんは、不安定型の愛着スタイルのなかでも、典型的な不安型のタイプだと言えるだろう。

前章に登場した奈津季さんに似た点が多いが、奈津季さんよりも、もっと不安定で、破滅的なところを抱えている。不倫にも歯止めがなくなり、優しくしてくれる人なら、すぐ好きになり肉体関係になってしまう。そして、いったん体を許したら、何でも許してしまうのだ。暴力をふるわれたり、金を貢がされても、割に合わないことをしているとも思わず、とことん尽くしてしまう。

明日花さんは、これまで付き合ってきた男たちを振り返って、「そのなかでは一番、旦那がましだった」と語ったが、その夫さえも裏切り、夫より明らかに信頼できない、問題があると思われる男たちに、なぜ、報われそうにもない愛情を求め続けようとするのか。それが、明日花さん自身にもわからない謎だ。

付き合い始めると、片時も離れているのが苦痛で、そばにいるか、声を聞いていないと、気持ちが落ち着かない。だから、不倫をしてもすぐにばれてしまう。不倫の相手も、明日花さんの濃厚な愛に最初は狂喜するが、そのうち食傷して、もてあますようになる。チョ

コレートを食べすぎるようなものだ。それで、もううんざりだという態度をほんの少しでも見せようものなら、不安型の本性をむき出しにして、「私のことを嫌っている」「もう飽きたのだ」と思い、落ち込んだり、死にたいと脅したり、こんなに尽くしたのにひどいと嘆き、愛情のなさを責めたてる。それでも会わないといられないが、会えばケンカという地獄のような日々の始まりだ。

相手の男が、一つまみで止《や》めとけばよかったと後悔する頃には、もう抜け出すのが困難な泥沼だ。二進《にっち》も三進《さっち》もいかなくなって、最後にはケンカ別れか、他の男に走って終わる。一体何をしているのかと、自分でもわからなくなることがある。

明日花さんのようなタイプは、依存性パーソナリティと呼ばれる。依存性パーソナリティは、①人にイヤというのが苦手で、頼まれると、自分に不利益なことでも聞いてしまう、②一人ではやっていく自信がなく、誰かに頼ってしまう、③物事が決められず、頼っている人に何でも決めてもらう、④相手の顔色に敏感で、嫌われないか、いつも恐れている、⑤恋人やパートナーと別れると、すぐに代わりの人とくっついてしまう、などの特徴をもつ。

自分を犠牲にして、ろくでもない男に貢いだり、相手の口車に乗って、多額の契約をしてしまったり、怪しげな新興宗教に深入りしたりするのも、このタイプに多い。

愛着スタイルでは、不安型を示すことが多く、不安型愛着スタイルが、もっとも典型的な形で発展したのが、依存性パーソナリティと考えられる。母親も気まぐれで、安定した愛情がもらえず、そのため親の顔色をうかがいながら育ったという人が多い。

父親より一回り以上も年下で、ケンカが絶えなかったという明日花さんの母親は、父親との結婚生活を不幸だと感じていたのだろう。結局、母親は、子どものために生きるよりも、家庭を捨てて、自分の人生を取り戻すことを選んだ。母親はそれでよかったかもしれないが、明日花さんは見捨てられたと思った。

不安型愛着スタイルの人が見捨てられる経験をし、心に傷を抱えるとき、もっと深刻な、別のパーソナリティ・タイプを示すことがある。それは、境界性パーソナリティだ。境界性パーソナリティは、①見捨てられることへの敏感さ、②気分や対人関係の両極端な変動、③自傷などの自分を損なう行為、④自殺しようとしたり、自殺をほのめかして周囲を振り回す行動、⑤自分を無価値だと否定的に見ること、などを特徴とする。

実は、明日花さんが筆者のところに助けを求めてきたのは、自分が境界性パーソナリティ障害ではないかと、疑ってのことだった。すっかり当てはまるわけではないが、その傾向もあると言えるだろう。

境界性パーソナリティの人は、親との関係が不安定で、本来は親から与えられるはずの愛情や安心感が不足し、強い飢餓感を抱えている。そして、さまざまな美点や長所にもかかわらず、自分のことを、何の値打ちもない人間のように扱い、安売りしてしまう。

明日花さんは、目鼻立ちの整った美しい女性で、しかも仕事の能力も高かったが、まったく自分のことを評価していなかった。そして、ろくに仕事もしない、お荷物でしかないような男に、惜しげもなく自分を捧げてしまう。

その一方で、「出会ったなかで一番ましな男」である夫のことは裏切ってしまう。

結局、災いの源は、明日花さんが抱えていた深い愛情飢餓にあった。過食症の女性が、食べても食べても満たされず、食べたものを吐きながら、もっと食べたいと思うように、また、バランスのとれたご馳走を適量食べるよりも、山のようなジャンクフードを喉に押し込まずにはいられないように、明日花さんは、安定した夫との関係だけでは満足できず、パートナーにはまったくふさわしくない相手や、すぐにケンカ別れになることが目に見えている男たちに、愛情や優しさを求めようとし、そのために、経済的な損失ばかりか健康まで損ない、一番信用できるはずの夫や子どもたちとの関係さえ犠牲にしてしまっていた。

こういった女性が、自分自身や大切な存在との関係をできるだけ犠牲にすることなく、抱えている愛情飢餓を満たすには、どうすればいいのか。そのことについては、第三部で考えたい。

第五章　一人ではキャッチボールはできない

ケース5　「アスペルガー」の夫をもつ妻の孤独

四十代後半の男性が、妻に引っ張られるようにして相談にやってきた。妻の靖美《やすみ》さんによると、夫の晃久《てるひさ》さんは、「短気で、突然怒り出すと手が付けられない」のだという。先日も、靖美さんと些細なことから口論になり、それで収まらず、もみ合いになってしまった。

晃久さんは、会社員として仕事は無難にこなせているが、もともと人の輪に入るのが苦手なところがあり、癇癪を起こすと暴れることもあった。最近よく耳にする「大人の発達障害」ではないかと思い、夫婦で方々に相談にも行っているが、一向に進歩がない。

晃久さん本人の話では、結婚してから時々感情が爆発するようになったという。だが、靖美さんは、晃久さんの親との関係にも問題があるのではと思っているようだ。

靖美さんが流感で寝込んで買い物を頼んだとき、必要な品目をメモして渡した。えらく時間がかかって戻ってきた晃久さんは、見るからに不機嫌で、イライラしている。放り投げるように置かれた買い物袋には、リストアップしてあった品物の半分も入っていない。
「何をやっていたの?」と思わず問いただすと、晃久さんはいっそう顔を険しくゆがめ、メモしてあったものがなかったので、買えなかったという。

そんなはずはないと、よく事情を聞いてみると、なかったのは一品目だけで、それを探し続けたが、どうしても見つけられなかったので、諦めて帰ってきたという。靖美さんは呆れて、その品物は飛ばして、残りの品物を買えばよかったじゃないのと言うと、晃久さんは憮然とした様子で、書いてある順番通りに買おうと思っていたので、そういうことは思いつかなかったのだという。
「そんなことは、子どもでもわかるでしょう」と靖美さんが言うと、晃久さんは逆上し、うなり声のような雄叫びをあげると、せっかく買ってきたものを冷蔵庫から取り出し、ゴミ箱に放り込んでしまった。

怒りに取りつかれると、見境がなくなってしまう。

家族でドライブ旅行に出かけたとき、道に迷ったことがあった。靖美さんが誰かに聞こうよと再三言ったが、晃久さんは自分の力で何とかしようとする。結局、余計にわからなくなってしまった。

「だから、聞こうよって言ったでしょう」と靖美さんが文句を言った瞬間、スイッチが入ってしまったらしい。「うるさい！」と怒鳴るなり、晃久さんは車を急発進させると、反対車線を猛スピードで走り始めた。

「危ないから、やめて」と言っても、聞き入れない。クラクションを鳴らしながらトラックが接近し、もうぶつかると思った寸前で元の車線に戻り、衝突は回避したが、生きた心地もなかった。

以来、あまり言いすぎると何をするかわからないので、控えるようにはしたが、靖美さんも黙っていられない性格で、つい夫の行動に口をはさんでしまう。何かの拍子にスイッチが入ると、晃久さんは暴れたり、大声を上げたり、外に飛び出したりしてしまう。

晃久さんは、小さい頃から神経質で、過敏な子どもだった。一人で絵を描くのが好きで、男の子と遊ぶよりも、女の子と遊ぶ方を好んだ。環境の変化に敏感で、いつも同じでないといやがった。小学四年生までは友達ができず、いつも独りぼっちだった。小学高学年になって、やっと友達ができるようになった。

しかし、成績は優秀で、技術的な方面に進んだ。就職した会社でも、問題なく仕事をこなしてきた。

母親は口うるさく干渉してくる人で、晃久さんは母親の言いなりだった。もともと母親に頼っていたうえに、父親が早く亡くなって、いっそう母子の癒着が強くなったのかもしれない。

そのせいか、異性関係にも疎《うと》く、交際したこともほとんどなかった。配偶者選びでも主導的役割を果たしたのは母親で、結婚したいきさつも、その母親からいいところばかり聞かされて、靖美さんとしては詐欺にあったようなものだという。

とはいえ、晃久さんに対する第一印象は、端正な顔立ちをして、控えめで、素敵な人だなと思ったという。それからもう一度だけ会ったが、横にいる母親ばかりが喋った。先方が急いでいると言われて、結婚する決心がまだつきかねていたが、最後は半ば押し切られる形で結婚させられた。

母親は、結婚式の日取りから住むところまで、細かく口出ししてきた。一事が万事そういうやり方で、最初は靖美さんも我慢していたが、子育てのことであれこれ言われてから、感情的に対立するようになり、今ではほとんど絶縁状態になっている。

晃久さんは普段から無口で、帰宅しても黙って妻の話を聞いている。靖美さんはよく喋る方で、ひとり喋り続けていることが多い。靖美さんは夫からの反応が乏しいことに不満があるが、それでも、喋らないといられない。

靖美さんは些細なことでも適当に流すということができず、深刻に受け止め、深く傷ついてしまうタイプ。少しでも気がかりなことがあると、ずっとそのことを心配していて、四六時中その話をするという具合だ。結論だけシンプルに考える晃久さんからすると、靖美さんの話は際限のない堂々巡りに思え、聞いていて、だいぶうんざりする。

子どももいて、靖美さんとしては、いまさら離婚することも考えられないが、ストレスがたまる一方で、最近では体調にまで影響が出ている。せめて爆発することだけでもなくなればと、藁にもすがる思いで、相談にやってきたのだ。

レッスン5　カサンドラ症候群に苦しむ妻たち

アスペルガー症候群や自閉症スペクトラムといった名称が、一般にも広く知られるようになった。「大人の発達障害」という言い方も、しばしば耳にする。発達障害のなかには、他にもさまざまなタイプがあるが、近年、ＡＤＨＤ（注意欠如／多動症）と並んで急増しているのが、アスペルガー症候群などの自閉症スペクトラムだ。

自閉症スペクトラムは、自閉症と共通する特性をもつ一連の症候群で、①相互的なコミュニケーションの困難や社会性の乏しさ、②同じ行動パターンを繰り返すことを好む傾向や狭い特定の領域への関心、③感覚の過敏性、などを特徴とする。スペクトラムとは、「連続体」の意味で、重度のものからごく軽度なものまで幅広く含む言い方だ。

その後の検査を経て、このケースの晃久さんも、アスペルガー・タイプの自閉症スペクトラムと診断された。診断が出たことで、晃久さん本人以上に妻の靖美さんは、「やっぱり、アスペルガーだったのですね」と、自分が苦しんできたものの正体がわかったと感じ、納得がいったという。

生まれつき、そういう特性をもった人だとわかったことで、それを受け入れてやっていくしかないと覚悟ができたのだ。以前は、夫の性格や心がけの問題だと思っていたので、どうしてそんなことをするのか、理解できずに苦しんできたのだ。

もちろん、いくら頭でわかっていても、実際に一緒に暮らしていくとなると、夫の反応や行動にいらだつこともある。癇癪を起こすことと並んで、靖美さんがつらかったのは、こちらの気持ちを汲み取った反応が返ってこないことだ。

こんなことがあったと一生懸命話しても、夫は平然と聞いていて、何も言わないか、言ったとしても、「ああ、そう」と相槌をうつくらいのものだ。

普通なら返ってきそうな、感想や共感の言葉がないのだ。喋ってわかってもらおうとする努力が虚しく感じるときもある。気持ちを受け止めてもらえるだけで、どんなに楽になるだろうと思うのだが、それは自分には望めないことなのかと思ってしまう。

アスペルガー症候群の人の配偶者やパートナーには、うつやストレス性の心身のトラブルが起きやすいことが知られるようになり、「カサンドラ症候群」(「情動剥奪症候群」とも)と呼ばれるようになった。

正確には、アスペルガー症候群だけでなく、共感性や感情認知に問題を抱えたパートナーと暮らす場合、そのリスクがあり、回避型愛着スタイルのパートナーをもつ場合にも、また、自己愛性パーソナリティ障害などの一部のパーソナリティ障害や、ある種の高次脳機能障害をパートナーが抱えている場合にも、その原因となる。

カサンドラ症候群の症状としては、共感されることで和らぐはずのストレスが解消されないので、さまざまなストレス性の問題や抑うつ症状を生じやすい。自尊感情の低下や抑うつ気分、意欲や関心の低下、不安、怒り、パニック、混乱などの精神症状、偏頭痛や疲労感などの身体症状も多い。また、女性では、月経前緊張症が悪化し、生理前十日くらいからイライラや気分の落ち込みや体のだるさなどが強まりやすい。パートナーが爆発を繰り返すような場合には、それがトラウマになり、PTSD(心的外傷後ストレス障害)を合併する場合もある。

また、パートナーから共感的な反応がないため、情緒的にネグレクト(無視)された状態に置かれることになり、その人自身の愛着が不安定となりやすい。その結果、カサンドラ症候群に特徴的なもう一つの問題を生む。それは、対人関係の問題だ。以前は人付き合いを楽しんでいた人が、社交に消極的になったり、些細なことで衝突しやすくなったり、家族を虐待したりするようになる。

問題の自覚が夫婦共になく、何のサポートもされていない場合には、すれ違いが深刻になり、カサンドラ症候群のリスクもいっそう高まりやすい。まずは何が起きているのかを認識することだ。

自閉症スペクトラムと診断される人は、増えたとはいえ、せいぜい数パーセントだ。しかし、回避型愛着スタイルを示す人は、最近の大学生を対象とした調査では、三割以上にも達する。したがって、パートナーがそうした傾向をもった人である可能性は、決して低くない。多くの人が、もっとも親密で心を許すべきパートナーと、情緒的なつながりをもてず、気持ちを共有できないという苦しみを味わっているのだ。

筆者が顧問を務めるカウンセリング・センターにも、そうした相談が急増している。きちんと手当てをすれば、ほとんどのケースが、生活の支障をあまり感じないレベルにまで改善するので、決して悲観することはない。

このケースの場合も、クリニックとカウンセリング・センターが連携し、サポートすることで、すっかり平穏な生活を取り戻している。

第六章　思い通りでないと許せない

ケース6　愛が終わるとき

四十代の主婦・理穂《りほ》さんが、夫の問題で相談にやってきた。夫があまりにも自分勝手で、思いやりもなく、イライラさせられることばかりなので、この先一緒にやっていく自信がないという。

理穂さんは結婚して十八年、高校生と中学生の子どもがいる。夫の正真《しょうま》さんは、真面目で几帳面なタイプの男性で、仕事に対する態度は勤勉、ギャンブルや飲酒もしない。浮気をしたことも恐らくない。

子どもが小学生の頃までは、そこまでひどくなかった。理穂さんも、正真さんのことを信頼していたし、あまりケンカもなかった。ところが、近頃では、夫の一挙手一投足に腹が立って仕方がないという。夫は発達障害かパーソナリティ障害ではないか。もしそうだとしたら、治療して良くなる見込みはあるのか。ないのなら離婚したいと思っていると、苦しい胸のうちをぶちまけた。

夫に対する見方が変わった、そもそものきっかけは、正真さんが、株式投資で損を出したことだった。それも、理穂さんにはまったく知らされておらず、あるとき別の用事で通帳を調べて、初めて発覚したのだった。子どもの進学資金にと貯めてあった預金が、百万円ほど、何度かに分けて勝手に引き出されていた。その金は、値下がりした株を買い増すために使われたが、結局株は上がらず、損が増えただけだった。

正真さんは、お金には細かく、ケチで、常日頃から理穂さんにも節約しろとうるさいという。子どもにかかる費用や妻の化粧品代にまで口をはさんできたくせに、自分はせっかくの貯金を、ドブに捨てるような真似をしてと、理穂さんは憤懣やる方なかった。無論、株は換金させ、勝手に降ろした百万円は返してもらったが、それで済む問題ではなかった。

それから、立場が入れ替わったように、今度は正真さんのすることなすことに、理穂さんが厳しい目を向けるようになった。過去のことまで、夫から受けた仕打ちや我慢していたことが、頭の中をぐるぐる回り続けてしまうのだ。

さらに最近、理穂さんが不満を募らせているのは、正真さんが子どものことに及び腰で、父親らしい指導をしようとしないことだった。思春期に入って、母親の理穂さんだけでは抑えがきかなくなっているが、正真さんは子どもに甘く、何も言おうとしない。思い余って、理穂さんが指導しようとしているのに、「まあ、いいじゃないか」と、話の腰を折るようなことを言ってくる。

妻の不機嫌を感じ取って、正真さんは機嫌をとるように、最近しきりと家事の手伝いをしようとする。洗い物をしたり、洗濯物を畳もうとしたりする。しかし、潔癖なところのある理穂さんには、夫に食器や下着に触られるのも嫌だし、中途半端なことをされると、二度手間になるだけなので、「触らないで」と言ってしまう。

正真さんは、おどおどしながら、「ごめん」と謝るが、そんな怯えた態度も腹立たしい。

実家の母親が高齢で、最近物忘れが目立ち、そのことも理穂さんのストレスになっていた。だが、今後のことを相談しても、面倒くさそうな返事しかしない。そのくせ、自分の母親が入院したりすると、こそこそ何度もお見舞いに行っている。夫がこそこそするのには理由がある。夫の母親は息子ばかりかばう人で、二年ほど前に理穂さんと大ゲンカしてから、絶縁状態になっているのだ。

最近では、夫と顔を合わせるたびに、怒りがこみあげて、何かの拍子に火がつくと罵倒し続けてしまう。

一気にそれだけを語り尽くすと、夫は一体発達障害なのかパーソナリティ障害なのか知りたいという。結果次第では、将来を考え直す必要がある、と語る理穂さんは、相当にせっぱ詰まっている様子だった。

相談を受けた医師は、直接診ているわけではないので、正確なことは言えませんが、と前置きして、次のように説明した。

几帳面で、お金にも細かく、真面目な性格だとすると、ご主人には強迫性パーソナリティの傾向があるのかもしれないが、学校時代も、就職してからも、大過なく適応できているようだし、数年前までは夫婦仲もそれほど悪くなかったとしたら、それは単なる傾向であって障害というほどの問題とは考えにくい、と。

理穂さんは、きょとんとして、では、なぜ、あんなに私を怒らせるようなことばかりするのかと、ますます納得がいかない様子だ。

そこで医師は、数年前までと今とで、正真さんの言動や性格が大きく変わったと思いますかと尋ねた。しばらく考えてから理穂さんは、昔からああいう人だったと答えた。だとすると、変わったのは、むしろ理穂さんの気持ちの方かもしれませんねと、医師が言うと、理穂さんは、さらに呆気にとられた顔になった。

「私が病気だというんですか」と少し気分を害したらしい理穂さんに、医師は補足して説明した。

「そういうことではなく、同じ性格や行動も、以前は許せたが、今は許せなくなっているということです。あまり変わっていないのに、以前は許せていたのはどうしてですか」と、逆に医師が尋ねると、理穂さんはしばらく考えてから答えた。

「まだ信頼していたからです。頼っていいと思っていたし、子どもも小さかったので、あまり問題も起きていなかったし……」

「愛情はどうですか」

そんなことは考えたくもないという様子だったが、しぶしぶ振り返ると、「今よりは」という短い答えが返ってきた。

「旦那さんの世話をしたりするのが、面倒になってはいませんか」

「ええ、数年前までは、お弁当も作ったりしていましたが、そんなこともする気がなくなって。だって、ありがとうのひと言もないんですから。馬鹿馬鹿しくて、やってられませんし」

昔のご主人について、話を聞いていくうちに、理穂さんは、正真さんが昔は長髪で、サキソフォンを見事に演奏して、結構、女性にもてたという話や、そんな正真さんを先に好きになったのは理穂さんの方だったこと、理穂さんも、その頃は、ちょっとしたお嬢さんで、容姿も悪くはなかったので、何人かに告白されたが、見向きもしなかったのは、正真さんのことが心にあったためだというような話が語られた。

大恋愛の末に一緒になった二人だったのだ。

「今では見る影もないですけど」と、現実に戻って、げんなりした顔をしながらも、昔の気持ちを少しは思い出したのか、血の気のなかった顔を少し紅潮させている。


その後の面接を通して、次第に明らかとなり、理穂さんも自覚するようになったのは、結婚して十年を迎える前後から、次第に夫に対する優しい気持ちが薄れ、アラばかりが気になり始めたということだった。そして、株の一件が決定的となって、一気に夫に対する信頼が失われ、理穂さんは、不信感と被害者意識の塊になってしまったのだ。

また同時にはっきりとしてきたのは、理穂さんが元来とても潔癖で、白か黒かをはっきりさせないと嫌な性格だということだ。こうあるべきと思ったら、そのとおりでないとまったく受け入れられなくなってしまう。

完璧を求め、少しでも理想と違うと、アラばかりが気になってしまう傾向は、十代の頃からみられたが、それには母親の影響もあったようだ。理穂さんの母親は、いつもネガティブなことばかり言う人で、滅多に幸せそうにしている顔を見たことがないという。

理穂さんが、とてもいいことがあったと喜んでいても、母親は、どういう目の付けどころをしているのか、思いもつかないようなところからケチをつけ、こんなひどい思いをしたことはないとばかりに嘆き始めるのだ。それを聞いていると、それまでの楽しい気分など消し飛んでしまい、今まで喜んでいたことも、母親を困らせる最悪のことになってしまう。

正真さんと付き合い始めた頃、「理穂ちゃんは、どうしてそんなふうにネガティブなことばかり言うの」と、正真さんから不思議がられたことがあった。また、母親なのに、娘の理穂さんのことを悪くばかり言うのにも驚いて、「きみんところのお母さん、ちょっと変わってるね」と言われたことがあった。その言葉に、理穂さんは気分を害したが、夫からすると、自分の娘のことを、あんなふうに困り者扱いしなくてもいいのにと、感じたらしい。

結婚して何年か経つうちに、自分が育った家が、おかしな家だったということに気づき、それまで顔色ばかりうかがっていた母親に対して少し距離をとり、醒めた見方をするようになった。母親はそんな娘の変化が面白くないらしく、正真さんのことも悪口ばかり言っていた。それが嫌で、ますます実家から足が遠のいていたのだ。

考えてみたら、その頃、理穂さんは正真さんのことを信頼していて、この人と一緒になって本当によかったと思っていた。夫の几帳面で少しケチなところも、しっかり管理してくれているという気持ちの方が強かった。

なぜ、同じ性格なのに、こんなふうに受け止め方が百八十度変わってしまったのだろうか。

レッスン6　「ねばならない」の思考が愛を殺す

潔癖で、「ねばならない」の思考に縛られやすく、自分の基準通りでないとストレスを感じやすい完璧主義な人は、うつになりやすかったり、摂食障害や不安障害にかかりやすいだけでなく、結婚生活が行き詰まりやすく、また、虐待のリスクが高いことも知られている。

潔癖さや「ねばならない」の思考、完璧主義は、自分を縛るだけでなく、相手にも同じ基準を押し付けてしまいやすい。そのため、パートナーとなった人は、とても窮屈な思いをすることになる。逆らっても事態が悪化するだけなので、相手の機嫌を損ねないように顔色をうかがい、相手の基準に何とか合わせようと、涙ぐましい努力をするようになる。

しかし、そんな基準は本人にしかわからないことだし、実際のところ、気まぐれに変わったりするので、あるときにはよかったことが、別のときには悪くなったりする。

洗い物の手伝いをしていないと、「何も協力しない」と言って怒られるが、やればやったで、「触らないで」と、叱られたりするわけだ。その人が何を求めているのか、それを汲み取って百パーセント満たすことは至難のわざだ。こうして、何をやっても叱られるという状況が生み出される。これは、子どもを虐待するときの典型的なパターンでもあり、それがパートナーに対して起きてしまっていることになる。

厳しい母親から、できているところを褒められるよりも、できていないところだけを注意されて育った理穂さんは、同じように潔癖で、ネガティブで、アラさがしばかりしてしまうところを受け継いでいた。

だが、結婚してから十年ほどは、夫の正真さんに対してだけは、そうした辛辣で、不満たらしい態度は、あまり見せなかった。なぜだろうか。答えは、理穂さんが、正真さんのことを信頼し、愛していたからだ。

正真さんのおっとりとして、人を一切責めない姿勢や、常に冷静で、物事を客観的にみる態度に触れるなかで、むしろ自分の考え方が否定的すぎることに気づいた。また、母親から距離をとったことで、その影響が薄らぎ、アラさがしばかりする辛辣さや自分の思い通りのものしか認めない完璧主義が和らいだ面もあった。

そこに関係していたと思われるのは、まだ活発だった夫婦の交わりや出産・授乳・育児を通して、オキシトシン系が活発に働いていたことだ。オキシトシンの働きにより、潔癖な傾向が薄らぎ、寛容さや優しさが増すことで、家庭に潤いを与えていたと考えられる。

最近の研究でも、わが子を主に母乳で育てた母親とそうでない母親を比べた場合、母親自身が、産後に統合失調症や躁うつ病などの精神疾患にかかるリスクは、母乳で育てなかった母親の方が、約二倍になると報告されている。母乳を与えることは、オキシトシン系の働きを活発にすることで、母親をストレスや精神疾患から守ってくれると考えられる。

また別の研究では、母乳で育てた子どもとそうでない子どもの母子関係を十五年にわたって調べたところ、母乳で育てなかった子どもに対する虐待やネグレクトのリスクは、母乳で育てた子どもに比べて、四・八倍にも及ぶことが報告されている。

もともと母親との愛着に不安定なところがあった理穂さんは、オキシトシン系の働きが悪く、潔癖で厳格なところがあったと考えられるが、正真さんとの安定した愛情生活のなかで、その傾向が改善していたのだろう。

下の子が生まれたのが結婚六年目、卒乳したのが結婚八年目で、それ以降次第に、もともとあった潔癖な傾向が強まっていき、夫との性的な交渉もなくなっていくにつれて、さらに不寛容な傾向が増したものと考えられる。それに追い打ちをかけたのが、更年期だ。

表面的には、夫の株式投資の失敗が、妻の信頼を損ねてしまったようにみえるが、実は、それを許さないホルモンレベルの変化が、更年期を迎えた妻の中に起きていたのだ。

女性ホルモンとオキシトシンは、相乗効果で、母性的な愛情や優しさを生みだしている。更年期には、女性ホルモンの分泌が低下することで、母性的な愛情や優しさが失われ、厳格さや不寛容さが強まりやすくなる。自分の思いと違うと、許せなかったりイライラしたりして怒りにとらわれやすくなる。つまり、「ねばならない」の思考が強まるのだ。

愛は、優しさや寛容さのうえに成り立つものだ。優しさや寛容さが失われるとき、愛も死んでしまいやすい。更年期は、愛情の維持にとって、大きな試練だと言える。

更年期になり余裕をなくした妻たちが、しばしば夫に反旗を翻し、もう優しくするのはやめたと宣言し、夫の世話を放棄してしまうというケースもよくみられる。あたかも、夫を甘やかしてきたことが問題の原因で、もっと厳しくして突き放した方がよいのだと、煽る専門家もいる。

しかし、そのことを真に受けて実行したりすれば、夫婦仲がさらに悪化することは必定だ。問題は、愛情や優しさが行き過ぎていたからではなく、それらが足りなくなって起きているのだから。それをもっと減らしたら、関係は崩壊に向かうしかない。

結局、「ねばならない」の思考も愛を殺すが、本当の真犯人は、「ねばならない」の思考をもたらしているオキシトシン・プアな状態だと言えるだろう。

授乳期や育児の時期が終わると、オキシトシン系の働きは不活発になっていく。そして、止《とど》めを刺すように更年期がやってくると、夫婦を取り巻くホルモン環境は厳しい冬の時期を迎える。結婚生活に木枯らしが吹く原因を、相手にばかり押しつけても始まらない。ホルモンが不足して、愛情がわきにくくなったためかもしれないのだ。

本当に必要な手当ては、相手の性格や行動を非難することではなく、枯れた泉を蘇らせ、愛情や優しさを取り戻す工夫をすることだ。

いがみ合い、殴り合いさえ演じていた夫婦が、一日二、三包の漢方薬や一日わずか一粒の気分安定薬を飲むことで、更年期によるイライラが改善し、仲睦まじい夫婦に戻ってしまうということもある。オキシトシン・リッチな環境を生みだす工夫については、第二部で紹介しよう。

第七章　回避する男たち

ケース7　独身に戻りたい夫

二か月前に、突然夫から離婚の話を切り出され、以来、食欲も落ち、すっかり人が変わったようになってしまったという穂波《ほなみ》さんが、母親に連れられて、相談にやってきた。

頭の整理がつかず、相反する思いが頭の中をぐるぐるめぐり続けているという。相反する思いとは何かと尋ねると、夫ともう一度きちんと話し合いたいという思いと、会うと余計につらくなるので会いたくないという思いだという。

一番の謎は、夫が大した理由もなく離婚を迫ってくることだった。夫が浮気をして、他の女性を好きになったとか、自分のことを嫌っているというのなら、まだ話はわかる。それどころか夫は、別れても、穂波さんと付き合いたいという。穂波さんのことは今でも好きだし、友達というより恋人のような存在でいてほしいという。

ますます訳がわからなくなって、一体、どうして別れないといけないのと問い詰めても、なかなかはかばかしい答えが返ってこない。仕事の方がいま大変で、そちらに集中したいからと言われても、とても納得がいかなかった。

根掘り葉掘り理由を聞いていくうちに、夫が言ったひと言が、「独身に戻りたい」という言葉だった。

そんな軽い理由の割には、早く結論を出したいと、せっついてくる。ケータイに出ないと、何十件も着信が入り、ケータイの鳴る音を聞いているのもつらい。真剣に話し合うというのならまだしも、夫はどこか軽い調子で、いつものようにたわいもない話をするかと思うと、早く別れてくれないと困るんだよと、急にすごみ始めるのだった。

夫の真意を理解できず、だが、悪ふざけのはずもなく、だとすると、一体自分の何が悪いのか、悪いところがあるのなら、直したいと思って問いただしても、「もう無理だ」「おれを縛るのは、やめてくれ」と言うばかりだ。

夫は、もともと宵越しの金をもたない、その日暮らしタイプの人間で、付き合うようになっても、貯金はまったくなかった。一方、穂波さんは堅実なタイプで、まだ二十代にもかかわらず、それなりに貯金もしていた。結婚資金も大部分、穂波さんが出したのだった。

マンションを買うことにしたのも、家賃を払うだけではもったいないという穂波さんの意見にしぶしぶ従う形で、実家から頭金の一部を出してもらって、購入できたのだ。だが、夫は最後までローンを組まされることに抵抗した。おれを借金の奴隷にする気かと言ってため息をついたものだ。

穂波さんは、早く子どもがほしかったが、夫はまるで気乗り薄で、「もっと楽しもうよ」と言うばかりだった。その頃はまだ二十代で、仕方がないかと思っていたが、三十の声を聞いてからも、夫はまるでその気がない。

マイホームを買ったのは、夫婦としての確たる絆の証《あかし》がほしかったからだ。だが、それが裏目に出ることになる。

そもそものきっかけは、夫の転勤だった。マイホームを買ったばかりのところに舞い込んできた転勤の話に、穂波さんは正直戸惑った。マイホームなどなければ、夫について引っ越すのは当然だったが、思い入れのあるマンションを、他人に貸すのもためらわれ、かといって、二か所に家を維持するとなると、家賃とローンの支払いが重なり、不経済だった。

話し合った末、夫はしばらく単身赴任し、離れて暮らすことになった。幸い、転勤先が夫の実家から通えるところだったので、実家で暮らせば家賃もかからず、経済的だということになった。子どもがほしい気持ちも、しばらくはお預けにするしかなかった。

ところが、夫はそれですっかり独身気分に戻ってしまったらしい。ホームグラウンドに帰り、水を得た魚のように一人の生活を満喫し始めたのだ。最初の頃こそ、まめに帰ってきていたが、そのうち、仕事が大変だとか、付き合いで忙しいとか、理由をつけて、自宅に帰るのを面倒がるようになった。電話も減り、穂波さんから連絡しても、なかなか電話に出ず、やっと出ても、そっけない返事しか返ってこないことが多くなった。

単身赴任の夫に不自由をかけまいと、多めに生活費やお小遣いを渡していたことも、裏目に出たようだ。考えてみたら、夫は実家暮らしなので、生活費などはほとんどかからず、穂波さんが日々の暮らしを切り詰めて渡した金は、飲み代や遊興費に消えていたのだ。

二か月も顔を見ていない状況が続き、さすがにおかしいと思い始め、だが、会いに行くと、夫はさして変わった様子もなく、穂波さんに普通に接する。浮気をしていれば、肉体関係をもちたがらないかとも思ったが、夫は以前と変わらずに求めてきた。

ただ、穂波さんは、ある決意を胸に秘めていた。穂波さんは、子どもがほしいということを、改めて夫に伝えたのだ。このまますれ違いの日々が続けば、やがて二人の関係がダメになってしまうのではないかと思い始め、悩んだ末の決心だった。

だが、夫は気持ちの準備ができていなかったのか、「そのまま来て」と言う穂波さんの言葉を無視して、きっちり避妊をした。あとは、いつもどおり、さっさと欲望を満たしてしまうと、先に眠ってしまった。

翌日、もう一度その話を切り出したが、夫は面倒くさそうな様子で、「今の給料では無理だ」とか「仕事が軌道に乗るまでは」とか、曖昧な言い訳をするばかりだった。

それから半年、言い訳程度に会う関係が続き、そのたびに同じような会話が交わされた挙げ句、夫が離婚したいと言い出したのだ。


その後、離婚をめぐる話し合いが何度か行われるなかで、二人の考え方の違いが鮮明となる。妻の方は、普通の堅実な家庭を築き、子どもを産んで育てたいと考えていた。それは、結婚した女性としては、至極当然の願いだったと言えるだろう。

ところが、夫の考え方というか願望は、独身の頃のように縛られず、気ままに遊び、妻というよりは恋人のような関係を楽しみたいというものだった。だから、別に妻が嫌いなわけでも憎いわけでもなく、むしろ、時々会って話をしたり、セックスをしたりすることは歓迎なのだ。ただ、子どもをもち、その責任や負担に縛られるということに強い抵抗を覚えて、妻との関係さえも重荷に感じてしまう。単身赴任でもう一度独身時代の気ままさを味わったことと、妻が子どもをほしいと迫り始めたことが、夫を一気に結婚生活から降りたいという気持ちに向かわせてしまったのだろう。

その日その日を楽しく過ごせればいいという場当たり的な夫の人生観と、将来のことを考え、安定した生活を築いていきたいという妻の計画的できっちりした人生観には、決定的な不一致があったと言える。

その違いは、交際し始め、結婚のことを考え始めたときから、はっきりと存在していたと言える。

毎月の給料から貯金をし、それなりの蓄えをしていた妻と、貯金らしい貯金もなく、結婚資金さえ妻に出してもらった夫とでは、計画性という点でも、責任感という点でも、厳然とした隔たりがあったのだ。

妻は、自分がしっかり管理して夫を指導すれば、うまくやっていけると考えた。実際、結婚して一緒に暮らしていた四年間は、妻の管理が行き届き、夫も手綱を握られて、妻のペースで物事は進んだと言えるだろう。貯金もでき、マイホームも手に入れることができた。

だが、その間、夫はかなり無理をしていたとも言えるだろう。転勤から単身赴任という状況になったとき、今まで我慢していた窮屈さから一気に解放され、その日暮らしの自分に戻ってしまうと、妻に管理された暮らしには、もう戻りたくなくなったと思われる。

一方、妻の方は、二十代までは、子どもをもつことを我慢して、夫との関係や家計を優先してやってきたが、それなりの年齢になり、周囲の友だちが相次いで出産し始めると、焦りを覚え始めた。何事も計画的に考えるだけに、そろそろタイムリミットという気持ちも強まった。

ところが、夫は妻のそんな気持ちはスルーして、二十代の頃と同じように二人で楽しめばいいとしか考えていなかった。あまりの呑気さに腹を立て、夫をせっつくと、独身に戻りたいと、本音を吐いたわけだ。

結局、双方の価値観の隔たりは、年を経て縮まるどころか、決定的なまでに開いてしまった。

こういう男性は、堅実な家庭生活を求める女性からすると、まったく理解できないのだが、現実には、こうしたタイプの男性がいま増え続けている。

レッスン7　回避性の男に生殺しにされる女たち

このケースの男性が示す特性は、精神医学的には、回避性と呼ばれる。

回避性は、回避型愛着スタイルでみられた、他者との親密で情緒的なつながりを避けようとする傾向とともに、責任や負担に縛られることを回避したり、傷つくことを回避したりするといった、さまざまな回避の傾向を含む特性だ。こうした特性は、いま急速に現代人に広がっている。

回避性は、さまざまな形で表れる。結婚や子どもをもつことへの抵抗やためらい、失敗するかもしれないチャレンジを避ける、拒絶されることを恐れて、自分から誘ったり告白したりしない、昇進や成功のチャンスを自分からふいにする、面倒なことにはかかわろうとしない、最初から競争を降りてしまう、感情的なゴタゴタには背を向けてしまう、頼りたいときほど頼りにならない、等々。

こうした多様な面をもつ回避性をひと言で言うならば、厄介なことを避けようとする傾向や特性ということだ。厄介なことには、傷つくことやその可能性のあること、負担や責任が増えること、束縛され自由を奪われることなどが含まれる。結婚や子どもをもつことは、その最たるものということになる。

交際しているのに、一向に次の段階に進もうとしないという場合には、相手が回避性の人という可能性が高い。

一見して回避性とわかる、ひきこもって、異性との交際に関心もないというタイプばかりではない。このケースのように、一見、活発に人付き合いや交際を楽しんでいるものの、一歩踏み込んだ関係には発展せず、表面的な親しさや縛られない関係にとどまろうとするというケースも多い。

魅力的で、話も面白く、異性にもて、セックスも大いに楽しむというケースもある。スポーツマンで、心身共にタフで、見かけは堂々としていて、頼りになりそうというケースもある。

だが、彼らは一つの共通点をもつ。彼らにとって、他人は通り過ぎていく景色のようなもので、誰とも本当にはつながっていない。

そういう人物を伴侶に選んだ人は、二人で主役を演じるはずのドラマが、実は、別々の一人芝居で、互いは互いの背景にすぎないことを知って、愕然とさせられる。

間違って結婚してしまったり、子どもができてしまう状況は、芝居を本気と勘違いしてしまうようなものだ。つかの間の夢から覚めたとき、待っているのは、どちらにとっても悪夢のような日々だ。非協力的なパートナーをもった妻も苦労するが、出来心で結婚し、子どもまでできてしまった夫の方も、玄関を間違えて、他人の家に上がり込んでしまったような心境を味わっている。

このケースのように、セックスはするが、子どもをつくることは拒否するというのも、子どもを望む女性にとって悲劇的なものだが、もっと悲劇的なのは、セックス自体をしたがらないパートナーをもってしまった場合だ。こうしたケースが増えている。

もちろん、パートナーのどちらもが回避性の傾向をもち、子どもをもつことやセックスに対する関心が希薄なカップルの場合には、お互い不満もなく、むしろ円満ということもある。だが、一方が男性や女性として愛し合って子どもをもちたいという欲求をもつ場合には、それができないことに強いフラストレーションを抱え、苦しむことになる。

子どもを望みながら、結婚してから愛してもらったのは数えるほどで、女盛りを過ぎてしまったというケースや、一度もちゃんと愛してもらったことがないというケースさえある。いずれの場合も、幸せな家庭を夢見て一緒になった女性は、生殺しにされることになる。

そうした悲劇を避けるためにも、自分の目指すライフスタイルをきちんと伝え、お互い納得したうえで結婚することが、誠実だと言えるだろう。

回避性の傾向をもっていても、責任感や思いやりをある程度備えている場合には、パートナーとしてまったく失格というわけではない。実際に、伴侶をもち、子育てをするなかで、人間的に成長し、回避性が克服される場合もある。自分の人生から逃げずに、面倒なことにもかかわることを楽しめるようになるのだ。

だが、無計画で、場当たり的で、思慮に欠ける傾向が合わさっている場合には、回避性の傾向は、無責任で、打算的で、自分勝手な様相を強める。

計画性に欠けた、その日暮らし的なライフスタイルは、後天的に身につけた部分もあるが、遺伝的特性とも関係があると考えられている。こうした特性を示す人では、衝動的で、抑制力に欠け、よく考える前に行動するという傾向がみられる。

こうした特性をもつ人には、人に対する愛着も薄い傾向があり、いくら親しくしていても、会わなくなったら、なしのつぶてということが多い。新しい刺激を追い求め、飽きっぽく、慣れ親しんだものにもあまり執着しない。環境が変わり、そこで新しい刺激に出会うと、これまでの付き合いもたちまち色あせてしまう。

このケースの男性もそうしたタイプだと考えられる。単身赴任して、妻から離れ、新しい環境で楽しみを見出すと、妻のことは遠い過去のことのように思われてしまったのだろう。妻から子どもがほしいなどと言われることは、ますます妻から離れていく気持ちに輪をかけただけだった。

第八章　セックスに関心をなくす妻たち

ケース8　変わったのはどっち？

モデルだった絵美理《えみり》さんが竜雄《たつお》さんと知り合ったのは、二十七歳のときのこと。竜雄さんは七歳年上の三十四歳だった。竜雄さんは、同族会社とはいえ、その若さで専務取締役の地位にあった。高級車を何台も所有し、何十万もするブランド物の洋服やバッグを気軽にプレゼントしてくれる経済力もさることながら、自信に満ちた身のこなしやどこかクールな態度も、絵美理さんの眼には魅力的に映った。

一方、これまで何人もの女性と付き合ってきた竜雄さんだったが、絵美理さんは特別だったようだ。絵美理さんの美しい体を「最高だ」と称賛し、絵美理さんも、竜雄さんのテクニックや疲れを知らない体力をすごいと感じた。

出会って半年ほどでプロポーズされたとき、絵美理さんは、正直、自分が幸運を射止めたシンデレラのような気分だった。

しかし、実際に暮らし始めると、夫の意外な面も見えてきた。自信満々に見えた竜雄さんだったが、実はコンプレックスの塊で、子どもの頃から、学業にもスポーツにも優れた兄に比べられ、ダメな子とみなされていた。会長である母と社長である兄の前では、今も頭が上がらず、小さくなっていた。

相手に対して、傲慢で横柄な態度をとるのは、そんなコンプレックスの裏返しだったのだ。それでも絵美理さんは、そんな竜雄さんにむしろ親しみと愛情を覚え、支えていきたいと思ったものだ。

だが、そんな思いが見当違いだと気づかされるまでに、そう時間はかからなかった。最初のショックは、幸福の最中にやってきた。妊娠がわかり、竜雄さんも喜んでくれたが、それから二か月ほど経ったある晩、夫が求めてきたのだ。悪阻《つわり》もまだ残っていたし、体調が万全でなかったので、やんわり拒否すると、竜雄さんが今まで見せたこともないような不機嫌な顔になって、怒り出したのだ。絵美理さんは驚き、仕方なく夫に身を任せたが、半ばレイプされたような嫌な気分になった。

悲しそうに涙ぐんでいる妻を見て、竜雄さんは慌てて謝ってくれたが、心には微かなしこりが残った。

無事に男の子が生まれた。わが子の誕生を、手放しで喜んでくれる夫の姿を見ながら、絵美理さんは、これでいっそう二人の絆は深まると思った。ただ、絵美理さんには、一つだけ不安なことがあった。それは、夫とのセックスだった。

自分でもなぜかわからないが、夫と愛し合うことに、歓びよりも気の重いものを感じてしまうのだ。

あの一件が尾を引いているのだろうか。それとも、出産後で、まだ体が元に戻り切っていないのか。

絵美理さんは、赤ん坊の世話や体調を言い訳にして早くベッドに入り、極力、夜は夫と二人きりにならないようにしていた。言い訳が見つからず、応じざるを得ないときもあったが、絵美理さんにはそれが苦痛だった。

そんな逃げ腰な妻の態度を、それとなく感じてか、竜雄さんが強引に求めてくることもあり、ベッドでのマナーも、以前とは違って、荒々しく身勝手なものとなった。ときには、絵美理さんが激痛に顔をゆがめてしまうこともあった。絵美理さんの体がうまく反応しないと、竜雄さんはイライラし、「不感症か」と言い捨てたりした。

ある日、頑なに拒否すると、暴力をふるわれ、「妻としての義務を果たせ」と怒鳴られた。

そんなことがあってからは、夜になるのが恐怖になり、夫が自宅に帰ってきただけで、体に緊張が走るようになっていた。そんな生活に耐えられなくなり、絵美理さんはついに子どもをつれて家を飛び出し、実家に帰ったのだ。

レッスン8 産後クライシスが夫婦の危機を招く

このケースは、思いやりのない、見かけ倒しの自己愛夫と一緒になった妻の悲劇でもあるが、夫婦の関係が悪化した背景には、妻のセックスへの拒否反応というもう一つの問題がかかわっていた。

産後、夫婦の危機が訪れやすいことは、「産後クライシス」として、マスコミでも取り上げられて、認識されるようになった。

母子世帯の調査（厚生労働省「全国母子世帯等調査結果報告」、平成23年）によれば、母子世帯となった理由としては、夫との死別は七・五％と低下しているのに対して、離婚が八〇・八％、未婚の母が七・八％と増加しているが、注目されるのは、離婚時の子どもの年齢で、一番下の子どもがゼロ歳から二歳のときが、三五・一％、三歳から五歳が二〇・九％と、六歳未満のときが半数を超え、特に産後の時期に高くなっていたことだ。

こうした事態の背景には、ホルモンの変動などの生理学的な要因も推定されている。

出産、授乳に際しては、オキシトシンという愛着形成ホルモンが分泌される一方で、授乳中はプロラクチンという乳汁分泌ホルモンが大量に放出される。プロラクチンには、授乳期間中に次の子を妊娠しないように、排卵を抑える働きがある。妊娠してしまうと母乳が止まってしまい、ミルクのない時代にあっては、子どもは死の危険にさらされることになったからだ。排卵が起きないだけでなく、プロラクチンにより性欲自体も抑制される。子どもをもつまでは熱烈に夫の愛に応え、セックスに歓びを感じていた妻も、授乳期間中は、セックスにそれほど関心や意欲がわかないということが起きやすい。

さらに、分娩時に産道となった膣や子宮口は、必然的にダメージをうけており、完全に元の状態を回復するには、一年近い期間を要する。個人差があるものの、ダメージが残っている間は、痛みにも敏感で、セックスをしても、快感よりも苦痛や不快感を覚えてしまうことも少なくない。

夫が尚早《しょうそう》に、以前と同じような激しいセックスを求めようとすると、妻の方は強姦されるような責め苦に耐えなければならなくなり、応じることが恐怖となってしまう。

痛みは、痛みに対する恐怖を生み、恐怖は、さらに痛みに対して過敏な状態をつくり出す。こうした悪循環によって、セックスは、愛と歓びを相互に与え合う交歓の行為ではなくなり、一方の快感のために、一方が苦痛を強いられる性的な暴力と化してしまう。

その状況を夫が認識せず、さらに無理強いしようとすると、妻は、その拷問のような行為を嫌悪するだけでなく、それでも、その行為をしようとする夫という人間を憎むようになる。こうした状況に陥った妻は、しばしば夫のことが「性欲の化け物」か「けだもの」のように思え、「夜が来るのが恐ろしい」と感じ、「夫がそばに近づいてくるだけで、鳥肌が立つ」状態になってしまう。

ところが、夫は妻の状態を認識せず、子どもが生まれて、冷たくなったくらいにしか思わない。夫の方は、子どもが生まれるまでは毎日していたのに、どうして嫌がるのかと不満をもち、そうした不満が不機嫌で非協力的な態度となって現れたりする。夫が、自己中心的で、未熟な、自己愛性の強い性格の場合、不満が怒りになりやすく、軋轢を強めることになる。

さらに産後に起きやすい産後うつの問題もある。女性の四人に一人が経験すると言われる産後うつは、非常に身近な問題だ。妊娠を維持するために働いていたプロゲステロン（黄体ホルモン）の減少などにより、気分の落ち込みやイライラを覚えやすくなるのだ。

そのうえ、出産から回復しきらない体で、生まれてきた赤ん坊の世話をしなければならない。三時間おきの授乳で睡眠は細切れになり、慢性的な睡眠不足も加わる。母親となったばかりの女性は、慣れない育児の不安やストレスも大きい。完璧にしようと思う人ほど、うつになりやすい。すでに上に子どもがいる場合は、そちらの世話もあるため、なおさら負担が増す。母親や夫の協力が不可欠だが、それが得られにくい状況も多い。そうした悪条件が、産後うつを生む。

出産後、妻がセックスに対して消極的になるのは、それ以外にも原因がありそうだ。出産後、授乳期が終わっても、夫婦関係の頻度が低下したままというケースが増えているからだ。子どもを生んでから、ほとんどしなくなったというカップルも珍しくない。晩婚化や回避的傾向をもった人が増えていることも、原因の一つだろう。

もう一人ほしくなって、慌てて不妊外来に駆け込み、夫との久しぶりのセックスが、精液採取のためだというケースもある。味気ない話だが、そこでは夫婦間のセックスさえなく、いかがわしい雑誌を渡された夫が、孤独に一人で精液を採取するということも珍しくない。

授乳期間が終わる二歳を超えると、性欲は戻ってきても、今度は、愛情維持にかかわるオキシトシンが低下を始め、もっと致命的な事態を準備する。晩婚化で、出産してから更年期までの期間が短くなっていることもあり、潔癖さが強まり、優しさが失われると、関係がぎすぎすすることは避けがたい。

それに、うつは産後だけではない。子どもの問題や職場のストレス、更年期といったことによっても、常に女性はうつの危険を抱えている。

うつになると、当然性欲どころではなくなってしまう。軽度なうつの場合、気づかれないままに、我慢しながら育児や家事をしているということも多い。どうしても必要な育児や家事は何とかできても、夫の性的欲求を満たすことなど、とても無理だ。

だが、普段は優しい夫も、セックスを求めるときは、強引で、利己的になり、妻が本気で苦痛を訴え、嫌がっていても、自分の欲望や快感の方を優先してしまい、妻からすると、夫の思いやりのなさを見せつける行為でしかなくなってしまう。愛情の営みが、すっかり逆転したものに変質してしまうのだ。

妻とのセックスに満足できなくなった夫が、不倫や風俗通いに走るということも起きやすい。自分のことをいつもかまってほしい、認めてほしいというタイプの男性は、単にセックスの問題ですまず、妻の自分に対する関心が低下していることで見捨てられたような気持ちになり、不倫に走りやすい。このタイプの夫は、強い支えや賞賛を絶えず必要としており、それが与えられなくなると、生きていることに虚しさを覚えやすくなるのだ。夫は自分を支えていくために、妻から得られなくなったものを、他の女性から手に入れようとする。

しかし、この男性のように妻に執着し、そのことがかえって、関係を行き詰まらせる場合もある。

第九章　報われなかった努力

ケース9　多情な夫と良妻賢母の妻

千果《ちか》さんは証券会社に勤めるキャリア・ウーマンで、一線の男たちを相手に、一歩も引けを取らず、バリバリ仕事をこなしていた。きゃしゃな外観に似ず姐御肌《あねごはだ》で、てきぱきとよく動くスレンダーな体からは、いつも前向きなエネルギーが溢れ出していた。

発端は、結婚しないはずだった同期の女性社員が、思いがけずゴールインしたことだ。それから一か月もしないある日、行きつけの美容室で、男性美容師が、美味《おい》しい店の話を始めたとき、「行きたいな」と思わず答えてしまっていた。「じゃあ、ご案内しますよ」と二つ返事で美容師は応じ、食事をすることになった。話が面白く、悪い印象はなかったが、少し前までなら交際することなど考えてもみない相手だった。

食事は楽しくて、つい飲みすぎてしまった。そのままホテルに連れていかれて、抱かれた。いや、そうなることを半ば期待していたに違いない。話もうまいが、セックスはもっと上手だった。人生が変わったと思った。

ただ、食事代もホテル代も、すべて千果さん持ちだった。考えてみれば、ここから悠斗《ゆうと》さんとの悪縁が始まったと言える。

「一緒になろう」と言ったのも、千果さんの方だった。気乗り薄に見えた悠斗さんが、俄然乗り気になったのは、「私が、きみのお店をもたせてあげる」と言ったときからだった。新婚旅行は、ニュージーランドと決まった。

悠斗さんに会った両親は、その調子のよい軽さに不安を覚え、「本当に大丈夫なの？」と、心配した。だが、千果さんは「心配しないで」と啖呵《たんか》を切った。

千果さんには、コツコツとためた貯金が三千万円ばかりあった。悠斗さんの希望を最大限叶えて、小さいながらも、駅近のテナントビルに洒落た店を出した。費用はかさみ、貯金はたちまち底をついた。客はなかなか増えず、千果さんが働いた金も店の運転資金に消えた。寿退社した証券会社にもう一度雇ってもらっていたが、以前に比べると、給料も安かった。それでも、二人で出した店を守りたい一心で、千果さんは働き続けた。

その甲斐あって、ようやく客もつき、美容師を何人か雇えるようになったが、それがまた仇《あだ》となった。悠斗さんが若い女の子の美容師と浮気をした挙げ句、妊娠させてしまったのだ。

そのときまで知らなかったのだが、悠斗さんは、従業員だろうが、客だろうが、見境なく手を出して、次々関係していたのだ。妊娠するという事態になって、その子から相談を受け、ようやく事態が明るみになったというわけだ。それまで、怪しいことはいくらもあったのに、千果さんは、夫を素朴に信じていた。千果さんは、その子が中絶するのに付き添ってやり、ことを穏便に処理した。

だが、それは、ほんの始まりだった。悠斗さんは何の反省もなく、同じことを繰り返した。それでも、千果さんは諦めがつかず、夫を守り、夫に尽くし続けた。両親の心配を押し切って一緒になった意地もあった。子どもができれば、落ち着くかと思い、子どもを産んだが、悠斗さんの浮気がひどくなっただけだった。子育てにも関心がなく、すべて千果さん任せだった。それどころか、家に帰ってこない日も増えていった。

辛抱強い千果さんも、次第にふさぎ込みがちとなった。夜もよく眠れず、身も心もボロボロになり、もう無理だと思い始めた。ようやく離婚を決意したとき、千果さんは四十を過ぎていた。

レッスン9　キリギリスに、アリの暮らしはできない

このケースも、安定した幸福な家庭を築くには向かない男性を伴侶に選んでしまった悲劇だ。自分の賭けが失敗だったことを認められず、どうにか自分が努力することで、堅実な家庭を築いていこうと、もがき続けたのだ。

だが、キリギリスにアリのような生活を望んでも難しいように、千果さんの思いは、結局裏切られることになった。諦めるのに時間がかかった分だけ、傷口も大きくなり、取り返しがつかないほど深いダメージを受けてしまったと言える。

夫を愛せないというよりも、愛すべき相手を間違えたのだ。人にはそれぞれ価値観やライフスタイルというものがある。それは、本来良いとか悪いとか他人が決めつけるものではない。その人らしい生き方が、それぞれ異なるのだ。

自分と異なる生き方の人に、自分と同じ生き方を求めても、すれ違ってしまう。いくら尽くしても、その溝は広がるばかりで、報われないままに終わってしまうことも、残念ながら多い。

そうなってしまった場合にできることは、できるだけ早めに見切りをつけることだろう。それができなければ、そうした存在として受け入れ、自分の期待を押し付けることをやめた方がいいだろう。

しかし、実際の話、夫の好き放題にさせて、心のバランスをとるということは、そう容易ではない。

ただ、同じような男性を夫にもちながら、うまくバランスをとり、安定した関係にたどり着くケースもある。第二部、第三部で取り上げたい。

多くの動物は、発情期ごとにパートナーを替える。その方が、遺伝的に多様な子孫を残せ、自分の遺伝子を残すチャンスも増えるからだ。ある意味、彼らはその時々の恋に生きていると言えるだろう。パートナーに対する持続的な愛着というものはない。子どもとの愛着も、子育てが終わるまでで、ある程度成長すれば、餌を与えなくなり、巣から追い出してしまう。

しかし、つがいをつくり、一家をなす少数の生き物においては、特定の異性とのパートナーシップが長年にわたって維持され続ける。

ごく近縁の種でも、つがいをつくる種とつくらない種がいたりするが、こうしたライフスタイルの違いを生んでいるのも、オキシトシン・システムの違いだ。その一例として、ハタネズミが知られている。

アメリカ大陸に棲むハタネズミには、平原に棲むプレーリーハタネズミと、山岳地帯に棲むサンガクハタネズミなどの種がある。近縁の種であるにもかかわらず、二つの種は対照的なライフスタイルをもつ。

プレーリーハタネズミは、一夫一婦のつがいを形成し、子どもたちと大家族で暮らす。

父親となったオスは、家族を守り、子育てに協力する。子どもは、乳離れしてもすぐに追い出されることはなく、独立して一家をもつまでは親元にとどまり、その代わりに家族の一員として協力する。

一方、サンガクハタネズミは、単独で暮らし、発情期だけ交尾し、あとは出会うこともない。子育ては母親だけが行い、乳離れすると、子どもはさっさと追い出される。親子関係もあっさりしたものだ。

この違いを生んでいるのは、オキシトシン受容体の脳内分布だ。つがいを形成し、家族をなすプレーリーハタネズミでは、オキシトシン受容体が側坐核という快感の中枢にも多く分布しているが、単独で暮らすサンガクハタネズミでは、オキシトシン受容体は、側坐核にはあまりないのだ。そのため、サンガクハタネズミでは、オキシトシンの分泌を促すスキンシップや毛づくろいに、心地よさを感じることはあまりなく、長く続く愛着が形成されないと考えられる。

人間は総じてプレーリーハタネズミ型の暮らしをしてきたが、そういうタイプの人ばかりではない。サンガクハタネズミのように愛着が希薄で持続性をもたず、発情するたびに相手を変えて、できるだけ多くのパートナーと関係しようとするタイプの人も、一定割合いる。

これは、生物学的な多様性なので、どちらがいいとか悪いとかいう話ではない。それぞれに生き残りのために有利な面があるので、どちらも生き残っているのだ。

ただ、自分がどういうタイプで、どういう人生を求めているのかによって、選ぶべき伴侶は、まったく異なることになる。プレーリーハタネズミのように、夫婦で協力して子どもを育て、幸福な家庭をつくって、生涯添い遂げたいと思っているのに、サンガクハタネズミのようなパートナーを選んでしまったら、どんなに努力しても、その思いは無残に引き裂かれてしまう。それは、その個体に備わった生物学的な特性だからだ。

愛着スタイルには、第一章で述べたように、安定型と不安定型という分け方がある。不安定型は、さらに回避型と不安型に分けられるが、実は、安定型にも、回避型の傾向をもつタイプと、不安型の傾向をもつタイプがある。

つまり、愛着スタイルは、安定型か不安定型かという点と、不安型か回避型かという点で、それぞれ分類できることになる。

安定型は、持続的な愛着が維持されやすく、同じパートナーに執着し、その人との関係を続けようとする。逆に不安定型は、愛着が維持されにくく、心移りしやすい。

不安型は、自分が愛されているかどうか、パートナーから嫌われたり見捨てられたりするのではないかという不安が強いタイプだ。一方、回避型は、距離の近い親密な関係を重荷に感じやすく、情緒的にも、肉体的にも、パートナーから距離をとることで、煩わしさから逃れようとする。

安定型‐不安定型、回避型‐不安型という二つの尺度によって、大きく四つのタイプに分類できることになる。この分類は、パートナーとの関係を考えるうえで、とても有効なツールとなる。

（1）安定‐回避型

このタイプの人は、いったん結ばれたパートナーとの関係を大切にし、できるだけ維持しようとするが、あまりべたべたした関係を好まず、情緒的な交わりやパートナーの気持ちを汲むことは苦手で、パートナーは物足りなさを覚えやすい。特にパートナーが困っているような場面ほど、助けを求められても鬱陶しがり、火の粉から逃げようとしてパートナーを失望させる。自分に面倒がかかるようなことを避けようとする傾向が強いのだ。肝心なときに頼りにならないという思いを、パートナーは抱きやすい。しかし、そこにも悪意はなく、ただ、自分を守るためにそうしてしまうだけで、相手を欺いたり攻撃したりすることも基本的には好まない。

（2）安定‐不安型

このタイプの人は、一人の人を愛すると、不満を抱きつつも、その人に尽くし、愛し続けようとする。自分に自信がない面があり、自分のような人間は一人では生きていけないと思い、不当な仕打ちをされても、しがみつくしかないと思い込んでいる。別れようとしても、なかなか最後まで踏み切れないということも多い。パートナーをじくじく責め、不満を言いつつも、結局、離れられない。悪口や陰口は叩いても、パートナーを本気で貶《おとし》めたり、裏切ったりするようなことは、なかなかできない。

（3）不安定 - 回避型

このタイプは、一人のパートナーへの執着があまり強くなく、異性関係を単なる遊びと割り切っていたり、異性に限らず、誰に対しても心からの信頼や絆をもたなかったりする。異性に対する関心の多くは、征服欲やプライドを満たすためであったり、性的な快楽のためであったりするが、情緒的なつながりは薄く、表面的な関係に終始しやすい。

性欲が旺盛な場合には、漁色や乱交に明け暮れることもある。性的な関心が乏しい場合には、そもそも親密な異性関係をもとうとしない。パートナーに対する態度もよそよそしく、無関心で、情緒的な交流も拒否しているが、そのくせ、嫉妬心や猜疑心が強い面もあり、自分の所有物のようにパートナーを扱い、思い通りにならない場面では、攻撃や暴力をふるうこともある。

（4）不安定‐不安型

このタイプの人は、常に自分を第一に考えて、支えてくれる存在を自分本位に消費していく。少しでもそうした関わりや支えが不足すると、さまざまな症状や問題行動を呈し、パートナーがかかわらざるを得ないようにする。知り合って間もない間やラブラブのうちは、常に愛情を注いでもらい、気持ちも安定しやすいが、お互いに新鮮さが失われ、関心が減退すると、自分が存在する意味がなくなったような虚しさを覚えるようになる。やがて新たな刺激と関心を与えてくれる存在を求めようとする。周期的に激しい恋をしては、やがて別れてしまうことを繰り返しやすい。

このタイプの人を、一人の異性にだけ縛りつけようとすることは、どちらにとっても不幸な結果を生みやすい。このタイプの人は、生涯に、支えてくれる複数の異性を必要とするのだ。このタイプの人が一人の異性で我慢しすぎると、刺激を失い、虚しさにとらわれ、うつ状態に陥ってしまう。新しい恋人ができると、こうした状態は一気に解消されることも多い。

愛着スタイルでいえば、このケースの千果さんは安定‐不安型の、悠斗さんは不安定‐回避型のそれぞれ典型ということになろう。不安型と回避型の溝以上に、千果さんがいくら努力しても埋めきれなかったのは、安定型と不安定型の溝だった。千果さんが、一人の夫との関係を何としてでも守ろうとするのに対して、悠斗さんは、一人でも多くの異性と交わりたいという欲求に突き動かされて行動していたのだ。

それは、プレーリーハタネズミとサンガクハタネズミの違いのようなものであり、そう簡単には変えられない、ほとんど生物学的な特性だったのだ。

では、この組み合わせのカップルには、まったく未来はないのかといえば、そうでもない。第二部や第三部において、そうした限界を超えるに至ったカップルの奮闘を見ることになるだろう。

第十章　悪夢は繰り返す

ケース10　DV夫から逃れたはずが

亜衣《あい》さんが俊治《しゅんじ》さんと出会ったのは、二十四歳のときだった。高校を出て、デパートに就職。二十歳のとき、同じ販売職の男性社員と付き合い始めたが、彼には妻子がいた。もう会うまいと思うのだが、「今日会えるか」と連絡が入ると、何を置いても指示された場所に飛んでいった。そんな生活が三年続き、ようやく別れたときには、身も心もズタズタになっていた。

そんな傷心の亜衣さんを優しく受け止めてくれたのが、経理部門の社員だった俊治さんだった。俊治さんは、販売部門が長かった前の彼氏に比べれば地味なタイプで、イケメンでもなかったが、誠実で真面目な人柄が安心できると思った。

実際、俊治さんは、亜衣さんが前の彼氏と付き合っていたことも知ったうえで、亜衣さんにプロポーズしてきた。将来の計画を熱心に語る俊治さんに、少し気持ちの隔たりを感じつつも、その誠意にすがって早く落ち着きたい気持ちもあり、結婚に同意した。結婚して他の男のものになり、職場からもいなくなることで、元彼に思い知らせたいような気持ちも手伝っていた。

俊治さんは、経理の仕事をしているせいか、お金や物の管理には細かかったが、傍目《はため》からも良い夫に見えただろう。ただ、亜衣さんの心には、実はまだ元彼への未練が残っていて、あのときの激しい思いに比べると、俊治さんに対しては、それほど積極的な愛情を感じていたわけではなかった。普段の生活では、亜衣さんは申し分のない妻だったが、ベッドを共にするときだけは、ふと醒めた思いにとらわれてしまうのだ。

だが、子どもができると、以前の彼氏のことも亜衣さんの心から薄れていった。毎日単調な繰り返しだったが、いま振り返れば、一番、平穏で幸せな日々だった。

三年後に下の子が生まれた。そこから再び激動の日々が始まることになろうとは。下の子に先天的な障害があることがわかったのだ。

当然のことながら、亜衣さんは子どものことで必死になった。夫は仕事で帰りも遅く、上の子の子育てや家事も一人でこなさなければならず、亜衣さんの負担は増えた。あるとき、子どもの調子が悪く、夫のケータイに何度も電話をしてしまったら、仕事中だと、怒鳴られてしまった。以来、夫に相談したくてもできず一人でくよくよ悩むことが増えた。恐らくうつだったに違いない。

家事も滞りがちになると、もともと細かいところのある夫は、不機嫌になり、妻に不満を言い、責め口調になることが増えた。そんな状態でも、夫は体を求めてきた。亜衣さんが嫌がると、夫が怒るので、仕方なく応じようとする。だが、体の方がいうことをきかないこともあった。受け入れる準備ができていないのに、夫は半ば無理やり入ってきて、激痛しか感じないこともあった。夫が求めてくるのが怖くて、週末の夜は、余計憂鬱になった。

そんな亜衣さんのつれなさにいっそう気分を害した夫は、ある夜、昔の彼氏のことまでもち出し、「まだ、あの男のことが忘れられないんだろう」と、見当違いな非難を加えてきた。

もうそれから後は、堰《せき》が切れたようになった。ことあるごとに夫は、亜衣さんを責めたてるようになった。亜衣さんは、過呼吸発作を起こすようになり、訪れた病院のドクターから、夫が行っているのは、立派なＤＶだと言われ、相談窓口を紹介された。

窓口の相談員から、早く別れた方がいいと言われ、弁護士を紹介された。弁護士は、夫が亜衣さんに強く執着していることから、すんなりとは離婚に応じず、むしろ攻撃がエスカレートすることを懸念した。危険を避けるため、こっそり遠くに逃げることを勧め、亜衣さんを逃がすための綿密な計画が立てられた。

亜衣さんは、「捜さないでください」という置手紙だけを残して、二人の子どもとともに姿を消した。はるか遠くの町で、新しい生活を始めたのだ。用意されたシェルターでしばらく過ごした後、公営の団地に移った。弁護士が離婚の交渉に当たり、三年近くかかってやっと離婚が成立した。

その間、亜衣さんは、夜の仕事で生計を立てていたが、将来のことを考えると不安だった。そんなとき出会ったのが、客として来ていた倫宣《みちのぶ》さんだった。

亜衣さんより十五歳ばかり年上の倫宣さんは、小さな会社のオーナー社長だが、数年前に妻と別れて、一人で暮らしていた。二人の子どもを抱えて、心細い思いをしていた亜衣さんには、とても頼りがいのある存在に思えた。「きっと幸せにする。子どものことも、おれに任せろ」と自信たっぷりに言う倫宣さんのプロポーズに、亜衣さんは一も二もなくすがった。

しかし、幸せだったのは、一緒に暮らし始めるまでだった。倫宣さんは、前の夫以上にワンマンで、強引だった。機嫌が悪いと、すぐに声を荒らげ、怒鳴り散らした。亜衣さんはおろおろし、夫を怒らせないように顔色をうかがい、必死で機嫌をとる日々だった。性欲が強く、毎晩のように求めてくるのも苦痛だった。しかし、子どもの分も含め、生活の面倒や今後の学資、治療費も出してもらわなければならないと思うと、黙って言いなりになるしかなかった。

やがて亜衣さんは、倫宣さんが前の妻と別れた原因が夫の長年の暴力で、別れた妻の顔は変形してしまっているという噂を耳にする。しかも、倫宣さんの会社は、彼のワンマン経営で、幹部の社員が辞めたりお得意が離れたりして、経営が傾いているとも聞かされる。

ときどき亜衣さんは、逃げてきたつもりが、もっとひどい男につかまってしまったのではないかと思ってしまう。何のために、自分はあんな大変な思いをして、縁もゆかりもない土地まで逃げてきたのかと、虚しくなるのだった。

レッスン10　同じタイプの男を選んでしまうのは

なぜ、こんな皮肉なことになってしまったのか。だが、現実には、原因となっている存在から逃げたはずが、また同じような相手を伴侶に選び、同じような状況に陥ってしまうということが多いのだ。

この悪夢のような状況は、砂漠を磁石の頼りなしで歩くと、元の場所に戻ってきてしまうという話を思い起こさせる。そんなことになってしまうのは、人間の足の長さは左右で微妙に違っていて、まっすぐ歩いているつもりでも左右どちらかに曲がっていき、巨大な円周を描いてしまうためだ。結局、呪われた運命に思われたものは、実は自分自身の偏りによって引き起こされていたのだ。

繰り返される悪夢のような現実も、実は運命のせいなどではなく、その人自身の偏った特性のためということが多い。そのことを自覚せずに、何度相手を変えてみたところで、また同じことになってしまう。

では、DV夫を引き寄せてしまう、この女性が抱えていた特性とは何だったのだろうか。それは、第四章にも出てきた依存性パーソナリティだ。依存性パーソナリティの人は、自分一人では自分を支えられないと感じ、頼りがいのある存在に身を寄せようとする。

そのとき、相手を見極める余裕などないため、しばしば一番頼ってはいけない相手に寄っていき、その餌食になってしまいやすい。頼りがいがありそうな、自信たっぷりの存在は、実は自己愛性パーソナリティなど、身勝手なタイプの人物だったりする。このタイプの人は、自分の思い通りになりそうな獲物を探している。そして、自分のものにしてしまえば、もう奴隷のようにしか思わない。言いなりになることが当然で、少しでも逆らえば、飼い犬に手をかまれたとばかりに激高し、思い知らせようと耳目を疑うような暴言や暴力を加えてくる。

相手に嫌われまいと、相手の顔色を見て、つい合わせてしまい、嫌と言えない依存性パーソナリティの人は、横暴な相手ほど逆らえない。不当な搾取を受けDVの被害にも遭いやすいのだ。

この女性の男性歴を振り返ると、そもそも妻子ある同僚の男に言い寄られ、体を許してしまったところから、依存性パーソナリティの人に起きやすい典型的な落とし穴にはまってしまっていた。彼女が、相手の顔色ではなく、相手の本性に目を向けることができていれば、ただ自分を都合よく弄《もてあそ》ぼうとしているだけで、そこには誠意のかけらもないことに気づけただろう。

やっとのことでその男と別れたのに、やはり自分で自分を支えることができないため、別の男が言い寄ってくると、好きだったわけでもないのに体を許してしまった。そして、結婚を求められると、拒みもせず、あっさり受け入れてしまう。

障害のある子が生まれ、負担が限界を超えたときも、前夫に不機嫌な顔をされるのが嫌で、有効な協力を求めることができず、うつ状態に陥ることで、悪循環を生じてしまった。前夫からの言葉の暴力やセックスの強要には、妻の状態に対する無理解とともに、妻が別の男性と付き合っていたことに対する嫉妬がからんでいたが、前夫が、共感性の乏しさや、自分の予定やルールへのこだわりを特徴とする軽度の自閉症スペクトラムを抱えていた可能性もある。その場合、妻が期待したように動いてくれている間はいいが、期待外れの状態になると、怒りにとらわれ攻撃的になりやすい。

妻が自分に助けを求めてくることも、予定外のこととして彼を混乱させ、妻が求めている共感ではなく、怒りの反応を誘発してしまったと考えられる。そうしたタイプの人は、妻が困っているということよりも、仕事中はプライベートな電話をしてはいけないとか、妻は家のことをきちんとすべきだというルールを破られたことに反応してしまうのだ。

本来は、夫に妻がうつ状態に陥っていること、思いやりや協力が必要であることを理解してもらうとともに、家事援助サービスなどを利用して妻の負担を減らす対応が必要だったと思われる。また、妻にも夫の特性を理解させ、すれ違いを減らす接し方ができるようにアドバイスし、夫を「DV夫」として、ただ〝加害者〟にしてしまうのではなく、協力し合えるパートナーとしての役割を取り戻せるように、まずは関係修復に力を注ぐべきだったのではないか。

そうした段階を飛ばしてしまい、〝加害者〟から本人を保護するという方向に、いきなり進んでしまったことが、本当に必要な問題解決の機会を失わせてしまったと思われる。

結局、夫という〝加害者〟から逃れたところで、彼女の側の問題は自覚も改善もされていないので、一人になって心細くなると、また同じことが起きる。前の夫よりももっと深刻な問題を抱えた男性にすがってしまったのだ。

第十一章　復讐する妻たち

ケース11　妻が貯金に精を出す理由

燿平《ようへい》さんと結奈《ゆな》さんが出会ったのは、歯学部に在学中のときだった。同じサークルの後輩として、結奈さんが入ってきたのだ。というより、結奈さんをそのサークルに勧誘したのが、燿平さんだった。結奈さんは容姿端麗で、燿平さんはひと目で結奈さんに惹かれたという。

一方、結奈さんも、先輩の燿平さんに好印象をもっていたが、燿平さんが自分と同じ寂しい境遇で育ったと知ると、いっそう興味をもつようになった。

燿平さんは、父親のいない家庭で育ったが、学業が優秀だったため、奨学金や親戚の支援を受けて、歯学部に進学していた。それゆえ、他の学生のようにちゃらちゃらしたところがなく、開業して経済的に成功してみせるというはっきりとした将来の目標をもっていた。

結奈さんの方も、両親はそろっているものの、夫婦仲が悪く、家庭に居場所がないと感じてきた。お金を父親に頼っているくせに、父親の悪口ばかり言っている母親が嫌いだった。歯学部を選んだのも、母親のように夫に依存するのではなく、手に職をもち、自立した人生を歩みたいと思ったからだ。高額の学費も、親に頼るのが嫌で、自分で稼ぎ出していた。そのために、高い時給がもらえるキャバクラや高級ラウンジで働いた。

そんな二人は通じるものを感じ、やがて将来を語り合う仲になる。励まし合いながら、二人は学業にも精を出した。唯一の誤算は、最終学年のときに、結奈さんが妊娠してしまったことだ。燿平さんは研修医の身で、まだわずかの収入しかなく、結奈さんの方は、卒業試験と国家試験という最後の難関が控えていた。だが、二人は子どもを産む選択をする。すぐに入籍をして、夫婦となった。結奈さんは、身重のハンディをもろともせず、優秀な成績で、両方の難関をクリアした。

仕事と家庭を両立させようと結奈さんは頑張ったが、実母との折り合いが悪く、実母に子育てを頼れないということもあって、次第に行き詰まりを感じるようになった。

悩んだ末、結奈さんは、しばらく子育てに専念することとなる。

子どもが続けてできたことや、いったん離れてしまうと腕が鈍ってしまうこともあり、結局、結奈さんは歯科医師の仕事にカムバックする機会を失った。

さらに夫の開業という出来事があった。莫大な借金をして始めたが、最初は、思うように患者が増えず、苦しい経営が続いた。生活費にも事欠くありさまで、お金のことで、よくケンカするようになった。こんなことなら、働き続けていればよかったと、自分の決断を後悔することもあった。

幸い、次第に患者は増え、経済的にも安定した。歯科医院の経営は、明暗がはっきりしていた。自由診療分が多いので、内科医院の経営などより儲けがぼろい。流行《はや》らないときは火の車だったが、流行りだすと、収入はうなぎ上りだった。借金の返済に四苦八苦していたのがウソのように、銀行預金の残高が膨らんでいく。

しかし、結奈さんの心は、それほど満たされていたわけではなかった。確かに夫は初心を貫徹し、開業医として成功することができた。母親にも楽をさせてあげられている。だが、妻の自分は、夫より在学中の成績も良く、夫より優秀な歯科医師として活躍できたかもしれないのに、そのキャリアを断念し、ただの主婦に収まってしまった。苦学の末に手に入れた歯科医師の免許も、ただの飾りでしかない。結局、そうはなりたくないと思っていた母親と何ら変わることなく、男の稼ぎに依存して暮らしている。

二人の子どもを育てることに、一生懸命たずさわったことに悔いはないが、夫が、仕事のことを、さも重大事のように話したり、仕事を理由に、家庭のことを後回しにするような言い方をしたりすると、無性にイライラしてしまう。「あなたばかり、美味しいところをとって」「それは誰のおかげだと思っているの」「偉そうに言わないで、もっと私に感謝すべきでしょ」と、心の中で叫んでしまうのだ。

これまで窮乏生活に耐えてきた反動もあり、結奈さんの生活はみるみる派手になった。ブランドの洋服や化粧品、バッグや靴、それから海外旅行にと、湯水のようにお金を使うのが何よりの楽しみとなった。夫への腹いせのように、夫の稼ぎを、夫の知らないところで散財して、うさを晴らしていた。

だが、何を買っても、何も気がつかない夫に、さらに嫌気がさした。「私を見ていてくれていない」と感じた。だからこそ、夫に気づかれない買い物にはまっていった。しかし心はいつも満たされなかった。

夫は歯科医院の経営に夢中で、妻はほしいものを買っていれば、満足していると思っているようだった。妻が、生きる意味を見失い、空虚感にさいなまれていることなど、まったくわかっていなかった。

仕事のことしか頭にない夫に対して、結奈さんは失望し、いつしか離婚を夢見るようになった。しかし、腹立たしいことだが、離婚してしまうと、今のような贅沢な暮らしはできなくなってしまう。今さらお金の苦労をするのも真っ平だった。

そんな彼女が行き着いた結論が、いつか実現する離婚に備えて、隠し預金をすることだった。夫の稼ぎから、ピンハネするように、せっせと自分の口座に貯金をしている。愛のない生活だが、続ければ続けるほど、預金の残高は増えていく。これを仕事だと割り切り、いつか夫に復讐してやろうと思うことで、やっと気持ちのバランスを保てている。

夫はそんな妻の計画に気づかず、幸福な家庭を築けたと勘違いしている。妻はそんな夫を心の中で軽蔑しながらも、良き妻、良き母を演じ続けている。

結奈さんの口癖は「男なんて単純だから」「ニコニコしていればどんどんお金を運んできてくれる」だ。

愛のない結婚生活に終止符が打たれるまでに、この夫婦はきちんと問題に向き合えるのだろうか。それとも妻の女優のような演技に、夫は偽りの幸福を幸福と勘違いしたまま、妻は妻で、自分を被害者と思い込んだまま終わるのだろうか。

レッスン11　復讐しても人生は取り戻せない

人は傷つけられると、仕返しをしたくなる。傷つけられたのだから、傷つけてやりたいと思う。自分が味わわされた苦しさを、相手にも味わわせることができれば、少しは溜飲が下がり、傷ついた心が癒されるように思うのだ。

しかし、現実には、期待した効果が得られたとしても、それは一時的なもので、むしろ長期的には、もっと心が傷つき、苦しむことになりやすい。

その理由の一つは、傷つけ返せば、また何らかのしっぺ返しがあって、傷つけられることになりやすいからだし、もう一つの理由は、相手に責任があると思い込んでいるため、一番肝心な自分の問題に向き合えないためだ。

仕返しするという場合、相手が先に傷つけてきたからという思いがあるが、さらにそれより先に、こちらが気づかずに、相手を傷つけているという場合も少なくない。物事は因果の連鎖であり、相手だけに問題があると思いたいが、実際には、どちらか一方だけに問題があることよりも、双方が事態の悪化にかかわっているということの方が多いのだ。

その意味で、復讐するとか仕返しするという考え方は、相手が悪いので、懲らしめるという視点であり、そこには自分に対する振り返りはない。相手が一方的に、不当なことをしたという思い込みがあるのだ。

その思い込みに基づいて、相手を攻撃したり、排除したところで、自分の問題は何一つ変わっていないので、そうすることで、自分の人生を取り戻せると思ったら、大きな間違いだ。

この女性の場合も、あたかも夫にすべての問題があると考えることで、自分の問題に向き合うことを避けている。夫が問題なのだから、離婚すれば、その問題から解放されるという思い込みがあるのだ。

問題は相手にあるという受け止め方をする心の状態を、メアリー・クラインという精神分析家は、「妄想・分裂ポジション」と呼んだ。乳児にさえ認められる、もっとも未熟な心の状態だ。この状態のとき、悪は外にある存在に転嫁され、怒りと攻撃によって、その悪い存在をやっつけたいと思う。しかし、そんなことをしても、何の問題解決にもならないことは明らかだ。

もう少し成長すると、それとは違う受け止め方をする状態がみられるようになる。クラインが「抑うつポジション」と呼んだものだ。つまり、自分の非を受け止め、自分を責める状態だ。一、二歳の幼い子どもでさえ、叱られ、自分の非を感じると、打ちしおれ、ときには自分を痛めつけようとする。この状態が現れるようになるにつれて、物事を自分の視点からだけ見るのではなく、相手の立場からも見られる、全体的で共感的な視点が育ってくるとされる。

さらに成長・成熟すると、物事を俯瞰的に見るような客観的な視点も育ってくる。自己と他者の対立を乗り越えた「統合ポジション」と呼ぶべき心の状態にまでたどり着くことができる。そのための第一歩は、振り返ることだ。

自分を振り返るようになったとき、傷つけられたことにばかり注意を向けるのではなく、自分が傷つけたことにも目が行くようになる。悪いことをされたことばかりではなく、良いことをしてもらったことも考えられるようになる。そうした大きな視点が育ってくることで、一面的に物事を見て極論するのではなく、バランスのいい、現実的にうまく機能する受け止め方や行動ができるようになる。

この女性の場合も、夫のせいばかりにしているが、本当に働きたい気持ちがあれば、何らかの形で働くことはできただろう。ブランクがあることはハンディだろうが、復帰が不可能ということは決してないはずだ。子育てが一段落しても働かなかったのは、本人がそこまで望まなかったからではないだろうか。

そこには恐らく、この女性の完璧主義が関係していると思われる。働くのであれば、歯科医師としてトップクラスでありたい、中途半端は嫌だという考えだ。子育ても歯科医師の仕事も中途半端になるのなら、どちらか一つに絞りたいという気持ちがあったのだろう。

しかし、現実の人生は完璧などあり得ない。妥協しながら、ほどほどのところで折り合いをつけていくしかない。この女性にとって、折り合いをつけることは難しく、キャリアを断念し、子育てや家庭をとった。それは立派な選択であり、あくまでこの女性が下した決断だったはずだ。

この女性になすべきことがあるとしたら、夫を恨み、夫を排除することを夢見ることではなく、自分の課題に目を向け、完璧ではないとしても、少しでも自分を生かし、生きがいを得られる生き方を模索することではないだろうか。

第二部

愛と人生を取り戻す妻たち

第十二章　愛は支配ではない

ケース12　やり手のビジネス・レディの落とし穴

万智《まち》さんは、ある業界のトップセールスとして成功している女性だ。若い頃から常に上を目指して努力し、成功の階段を上ってきた。自分の限界を超えることに醍醐味を覚え、自らの記録を塗り替えてきた。それは、決して幸運や偶然の産物ではない。万智さん自身がそうなろうという明確な目標をもち、そのために人の何倍も努力し、成し遂げてきた結果だ。

万智さんは、結果が数字となって表れる世界を仕事に選んだ。成果が出れば、上から評価され、地位も報酬も上がった。数字となって出る成果は、ごまかしがきかなかったが、それを成し遂げた者にとっては、何よりも揺るぎないものだった。万智さんは、トップセールスとして何度も表彰され、称賛を浴びてきた。

ところが、そんな万智さんにも、思うようにいかないものがあった。結婚生活だ。万智さんにとって、まず重荷だったのは、夫とのセックスだった。夫のことは愛しているつもりだったが、夫に体をいじられたり、感じることを強いられたりするのが、どうしても好きになれなかった。夫は、エクスタシーが近づくと、我を忘れたように激しく動き、声を上げたが、万智さんには、そんなふうに我を忘れるということが、どうしてもできなかった。自分のコントロールを失うということは、大地を失うような不安定な感じがして、思わず抵抗してしまうのだ。

ところが、夫が万智さんに求めていることは、万智さんもコントロールを失うことだと知って、余計に戸惑った。「いった?」と訊かれるたびに、万智さんはウソをつかねばならなかった。万智さんは演技をし、ふりをすることを覚えた。その方が、夫が早くことを終えてくれたからだ。もし万智さんが何の演技もせずにいたら、夫は際限なく万智さんの体をいじり続けるだろう。それは最悪だ。万智さんは、ふりをすることで、夫をコントロールすることを学んだのだ。

だが、できれば、夜の相手はしたくないというのが本音だった。その傾向は、子どもができ、また仕事での地位や責任が増すにつれて強まった。仕事で疲れているということもあった。何かと理由をつけて、回数を少しでも減らそうとした。しかし、夫は肉食系で、一週間も相手をしないと不機嫌になり、イライラし始める。家事にも子どもの世話にも協力しなくなり、ドアを大きな音を立てて閉めたり、朝も「行ってきます」とも言わずに、出かけて行ったりする。

まったく単純と言えば単純だった。生理前に女性がイライラするのと同じで、夫の場合は、短い周期で来るだけだ。夫が爆発する寸前のところで妥協し、誘いに応じてはいたが、実のところは、顧客の苦情処理と同じくらい嫌だった。

お酒が入ると心理的抵抗が少し和らぐので、セックスの前には、二、三杯のワインが必需品だった。夫もそのことを知っているので、妻と交わりたいときには、万智さんにワインを勧めた。万智さんが断ると、夫は不機嫌に黙り込み、一人でワインを呷《あお》った。

夫は、もともと顧客の一人で、ほかにも何人も顧客を紹介してくれた。大手の会社の管理職の地位にあり、その頃の万智さんには大きな存在に思えた。

しかし、結婚から五年も経たないうちに、収入面でも地位の面でも、万智さんが逆転してしまった。家庭内のことも、最初は夫の意見を尊重し、合わせるようにしていたが、いつしか万智さんがすべてを管理し、すべて仕切るようになった。夫は、万智さんの言いなりだった。逆らえば万智さんの逆襲に遭って、満足な食事も、セックスも、当分お預けになってしまうことを学習していたからだ。

万智さんは、女王のように顔色一つで夫を操った。夫は万智さんに遠隔操作されたロボットのように動くのだが、それがまた万智さんにとっては腹立たしく思えることもあった。右に動くように操っておいて、左に行かなかったというようなことで、叱りつけたりした。

夫との関係が最終的に破綻する原因になったのは、夫の借金問題だった。夫は、金銭面で少しだらしないところがあった。万智さんには、夫が妻の収入を当てにして、自分の給料以上の無駄遣いをしたとしか思えなかった。

夫は、もっともらしい弁解をしたが、理由など関係なかった。万智さんのあずかり知らない借金が発覚した時点で、もう一緒にやっていけないと思った。コントロールできないということは、万智さんにあってはならないことだった。

万智さんは、別居を宣言し、子どもを連れて家を出た。夫は抵抗したが、万智さんの意思には、結局逆らえなかった。

夫と別々に暮らすようになると、自分が今まであれほどの不自由と苦痛に耐えながら暮らしていたことが、信じられないほどだった。仕事を完璧にやりこなし、母親としても立派にその責任を果たした。そのどちらも、万智さんが思い通りに管理し、努力すれば努力しただけの成果を出すことができた。いや、そう思っていた。

だが、その見込みが狂うことが起きた。別居して迎えた翌年の夏休み、中学生の娘が、夜遊びをするようになったのだ。朝まで家に戻ってこないこともあった。戻ってきた娘をこっぴどく叱ると、「ママは全部自分の思い通りにしたいだけじゃない。それなら、一人で暮らせばいい」と捨て台詞を吐いて、また飛び出してしまった。

ケータイも着信拒否。万智さんは気も狂わんばかりだった。すべてうまく管理していたつもりが、自分の思い込みにすぎなかったことを知り、何もかもが崩れ去るような気持ちになった。

気が進まなかったものの、夫に連絡をとって事情を話した。そして涙ながらに、あの子の面倒を見るのは、私には無理だと言った。娘もまた、万智さんにとって、コントロールの利かない存在になっていたのだ。

夫から連絡をとってみると、娘が出た。ひと晩父親のところに泊まって、翌日、娘は帰ってきたが、万智さんは、さすがに怒ることもできず、わが身を振り返らずにはいられなかった。どこで何を間違えたのか、それを知りたくてカウンセリングを受けるようになった。

そこで指摘されたのは、万智さんが、すべてを思い通りにコントロールしようとし、それができない相手に対しては、激しい怒りを覚え、攻撃するか排除しようとするということだった。それは、まさに娘が自分に言ったことだった。

愛することは、コントロールするのではなく、ありのままに受け入れることだと言われても、最初はピンと来なかった。万智さんのコミュニケーションは、まるでビジネスのように、事細かに指示を出すことが大半を占めていた。そうではなく、相手の話を聞き、気持ちを共有するようにと言われた。そして、自分からは、何も命令や指示を出さないこと。だが、それがどうしてもできなかった。長年の癖で、つい指図をし、話を決めてしまうのだ。自分中心にしか動けないことを、突きつけられ、もがいた。

娘の問題に取り組むべく、夫もカウンセリングに加わるようになり、ときどき顔を合わせるようになったが、それも、万智さんにとっては不本意なことだった。しかし、何度もセッションを重ねるなかで、自分の思い込みに気がつくようになった。自分が夫と同席したくないのは、自分の思い通りにことを運びたいからだった。夫がいると、邪魔されるような気がしていたのだ。しかし、本当に必要なのは、どちらかが主導権をとって事態をコントロールするということではなく、気持ちを合わせて協力するということだった。

夫と前よりも素直な気持ちで話し合うようになった。今まで自分のしてきた話し合いは、いつも自分の主張を相手に認めさせるためのものだったということに気がついた。そうではなく、相手の思いをありのままに受け止めればいいのだ。万智さんは、そうすることの心地よさにも気がつくようになった。

夫婦が一緒にいると、娘が嬉しそうにすることを、最初は腹立たしく思っていたが、そのことをもっと素直な気持ちで受け止められるようになった。

ある日、夫に、「帰ってもいい？」と聞くと、夫は顔をくしゃくしゃにして、「もちろんだよ」と答えた。

それから、三人の暮らしに戻って生活しているが、まるでもう一度結婚したような気分だという。縁結びの仲人《なこうど》は、娘かもしれない。

レッスン12　コントロールするのをやめる

やり手で、リーダー的な人ほど、何事も仕切りたがり、コントロールしようとするところがある。この女性の場合も、すべてを自分の思い通りにコントロールしていないと、気が済まなかった。夫だけでなく、子どもに対しても、そうすることをなかなかやめられなかった。コントロールできなくなると、そっぽを向き、自分の暮らしから排除しようとした。

この女性ほどではないにしても、こうした傾向をもつ人は増えている。努力家の人やきっちりとした人ほど、目標に向かって頑張り、完璧な状態を目指そうとする。すべてを管理し、ベストの状態にコントロールしようとする。

仕事においては、それは力を発揮し、成功を生むかもしれないが、夫婦や親子のような親密な関係において同じことを追求すると、相手はありのままの自分を出せずに、息苦しく窮屈に感じてしまう。相手の求める「良い子」「良い夫」を演じようとすることも多い。それが限界となり、コントロールに逆らうと、「悪い子」「悪い夫」になってしまう。

子どもが非行に走ったりする背景にもしばしばみられる状況だが、夫を「非行」に走らせることにもなる。ありのままの自分を出せない関係は無理を強《し》い、いびつな方法でそれを解消しなければならなくなるのだ。

愛するとは、相手をコントロールし、相手を思いのままに動かすことではなく、ありのままの相手を受け入れ、大切に思うことだ。

支配やコントロールをするとき、その主体は支配する側にあるが、愛するとき、その主体は相手にある。愛するとは、自分のために愛するのではなく、相手のためを思うことなのだ。その点に決定的な違いがある。

ところが、自分のためにしか愛せない人には、その違いがわからない。そうしたタイプの人にとって、愛するとは、自分の都合のいいように相手をコントロールすることだと思っているからだ。

「ねばならない」の思考や完璧主義が強い人は、つい自分の基準を相手に押し付けてしまう。相手は窮屈に感じ、自分の心の自由を奪われた気がする。それは愛ではなく、未熟な自己愛であり、そのことを相手は敏感に感じとってしまう。縛ろうとするとき、愛はもうそこから逃げようとする。

コントロールしようとする人は、自分自身も気楽に解き放つことができない。がんじがらめに自分を縛ってしまう。喜びや楽しさを、知らずしらず自分に禁じてしまう。それは不幸な生き方だ。

相手をコントロールするのをやめて、ありのままに相手を受け止めるようになることは、ありのままの自分を受け入れることでもある。それは、自分を解放し、本来の自分を開花させることにもつながる。

このケースの万智さんは、仕事の面ではやり手だったが、愛情生活の面では自分を開くことができず、閉じたままだった。子どもの問題をきっかけに、自分の人とのかかわり方を見直し、自分も人も、ありのままに受け入れることを学んでいくにつれ、本当の愛情生活の楽しさ、歓びにも目覚めていった。

万智さんは、情緒的なつながりをもつことよりも、表面的な成果によって評価される仕事の世界に居心地の良さを感じた。これは、回避型の愛着スタイルの人にしばしばみられる特性でもあった。そうした特性は、職業面での成功に寄与したが、親密な関係を必要とする結婚生活においては、行き詰まることになったと言える。

回避型の女性は、セックスにおいてぎこちなさを感じたり、自分を解放することができず、エクスタシーを味わうことに自分でブレーキをかけてしまう傾向があるとされる。

コントロールしようとするのをやめ、ありのままの自分を受け入れ、相手に身をゆだねることができるようになったとき、その抵抗感がとれて、自然な歓びを感じられるようになる。

第十三章　不機嫌な夫を優しくさせる方法

ケース13　モラハラ夫に悩まされる妻

自営業主の幸久《ゆきひさ》さんは、仕事では成功し、経済的には豊かに暮らしている。しかし、妻の益美《ますみ》さんは、毎日が薄氷を踏むような生活を強いられている。幸久さんのことだけを優先している間は、機嫌よくしているが、子どものことであっても、幸久さんのことが後回しになったりすると、たちまち不機嫌になる。それだけならいいが、益美さんの体調が悪く、家事が思うようにできなかったり、セックスの求めに応じられなかったりすると、いたわりの言葉どころか、不機嫌になり、まるで使い物にならない道具にでもするように、チェッと舌打ちしたり、悪態をついたりする。

それがモラル・ハラスメントだと知り、相談した人に夫の好き放題にさせすぎだと言われて、一時期、そういう態度は改めてほしいと言うようにしてみたが、まるで火に油を注ぐように、逆に幸久さんの攻撃的な態度はエスカレートし、妻の過去の男性関係までもち出して、責めたてたかと思うと、何日もひと言も口を利かない。関係がもっとぎくしゃくしてしまった。

最近は口を開くと、お前と同じ空気を吸いたくない、早く離婚したい、お前に騙された、おれの人生を返してくれと、責め続ける。かと思うと、子どものように泣き出したり、物を壊して暴れたり、ベランダから飛び降りる真似をしたりする。そんなことの繰り返しに疲れ果て、益美さんも別れたいと思うようになったが、経済的な問題や子どものこともあり、決心がつかない。

幸久さんは、実の母親からとても冷たい扱いを受けて育った。付き合い始めたときから、益美さんは、幸久さんが〝理想の母親〟を自分に求めているのを感じていたという。恋人だったときや子どもができるまでは、幸久さんのことだけを考えていればよかったので、何でも話を聞いて、幸久さんの求めに何でも応じてきた。幸久さんは、「お前は最高の女だ」と、よく益美さんに言ったものだ。

ところが、子どもができると、そうばかりもいかなくなってくる。幸久さんの求める水準が高すぎて、益美さんには負担になってきた。もっとありのままの自分を受け止めてほしいと思うようになり、これまでなら無理してでも応じていたことも、自分の都合や体調を優先して、応じないことも増えてきた。夫もきっとわかってくれるだろうという期待もあった。だが、その頃から、二人の関係は次第にぎくしゃくし、幸久さんの口から、今まで聞いたこともなかったような攻撃的な言葉が出るようになった。

以前はもっと優しかった夫が、以前と違ってきたということは、漠然と感じていたが、一体何が起きているのか、正確にはつかめていなかった。ただ、夫が変わってしまい、モラル・ハラスメントを加えてくるようになったとか、精神的に不安定になってしまったという表面的なレベルの理解で嘆いていたのだ。

レッスン13　夫の愛人になる

こうした状況は、自己愛の問題を抱えたパートナーとの間に、しばしば起きるものだ。自己愛が傷ついた人は、それを回復しようと、過剰なまでに自分の自己愛が満たされることを望む。自分だけを特別に敬い、大切にしてくれる存在こそが、その人の望むパートナーなのだ。

幸久さんの立場からすると、彼が益美さんを「最高の女だ」と認め、妻として迎えたのは、益美さんが幸久さんのことを何よりも優先し、その要求にすべて応えてきたからだ。自己愛の傷を抱えた幸久さんが元気で生きていくためには、そうした支えが必要であり、自分を最優先してくれる存在に支え続けられることでしか、自分の中の欠如した部分を補い、癒すことはできないからだ。

ところが、子どもができてから、益美さんは幸久さんだけを優先することができなくなった。それは、益美さんからすると、仕方のないことだったが、幸久さんからは、まったく違った見え方をする。子どもが生まれた途端に益美さんは態度を変え、自分のことをないがしろにするようになった。今まで自分に示してきた態度も、子どもを産むまでの見せかけの態度だったのか。

実際、多くの女性は、子どもが生まれると、母性のスイッチが入り、子どもを最優先するようになる。それが自然の摂理であり、そうでなければ困るのだが、自己愛の傷を抱え、自分だけに特別な愛がほしい人からすると、まるで裏切りか、詐欺に遭ったような気持ちになるのだ。

今まで優しい「理想の母親」のような存在だった妻が、心の底で憎んでいる、冷たく、素っ気ない「最悪の母親」にそっくりの存在になってしまうのだ。母親から与えてもらえなかった愛情を、妻から手に入れたいと望んでいた夫からすると、最高の女だと思っていた妻が、憎たらしい母親とそっくりに豹変してしまうようなもので、まさに悪夢だろう。

妻からすれば、子どもができて事情が変わったのだから、いつまでも甘ったれないで、そろそろ大人になってよと言いたいところだが、そう都合よくは変われるものではない。

四十、五十になっても、その本質は変わらないことの方が普通だ。幼い頃に満たされずに欠落したものは、そう簡単に補えるものではない。

しかも、このタイプの人は、子どもの頃に傷を受けたことによって、人間というものに対する本源的な憎しみをもっている。「理想の女」が、「おれを騙した詐欺師」とわかった瞬間、抑えていた憎しみが倍加して蘇り、彼を捉えることになる。母親に対する憎しみが、「お前も同類か」という裏切られた怒りとミックスし、執拗なまでの攻撃となる。それが、モラル・ハラスメントやDVを生む。

恋人時代が終わったとき、このタイプの夫と妻の間で起きるのは、こうした事態だ。夫は自分の理想の女性が幻だったと気づかされ、怒りに駆られ、妻を責め、妻は夫の思いやりのなさに失望し、夫を責めることで、余計に事態を悪化させていく。

このカップルの場合も、夫は自己愛の傷を抱え、常に自分のことを妻にかまってもらいたいという欲求が人一倍強かった。自分は父親だから、五十近い大人だから、社長だからといったことは、その願望を断念する理由にはならなかった。むしろ、外でかかる仕事の重圧や精神的なストレスが、自分だけを優先してくれる、強力な支えを求めていたのだ。

かつては、そして今日でも、それなりの地位や経済力を手に入れると、妻からそうした支えを期待する代わりに、自分を第一に優先してくれる愛人をもつという手段を用いることが多い。

このケースも、そうした選択肢があったはずだが、この男性には義務感の強い一面があり、家庭を大事にしたい、家庭を壊したくないという気持ちも強かった。そのため、外に愛人をもつようなふるまいもできず、かといって、妻はもはや、かつての妻のように、自分だけを優先して支えてはくれないという状況で、満たされない飢餓感を抱えたまま、どうすることもできなくなってしまっていたのだ。

外での立派な立場や態度とはうらはらに、家庭ではひどく情緒不安定で、妻に暴言を浴びせ、攻め立てるかと思えば、物を壊して暴れたり、ベランダから飛び降りる真似をしたり、泣き出したりと、まるでいじけた子どものようなふるまいをしていたのだ。

そうした行動をどうすればいいのか、妻は方々に相談に行ったが、何の解決も得られなかった。そして、筆者のところにやってきたのだ。

妻は、夫のそうした行動に手を焼き、このままでは、生活自体が破綻するのではないかと恐れていた。いっそのこと、離婚した方がよいのかとも考えた。夫には経済力があるので、財産分与や養育費の支払いを受ければ、暮らしには困らないだろう。しかし、子どものことを考えると、二の足を踏んだし、また、夫のこともまったく嫌いというわけではなかった。これまで十年以上も人生を共にしたのに、途中で見捨ててしまうのは、かわいそうな気もした。それに、そんなことになれば夫は自暴自棄になって、何をしでかすか、予想がつかなかった。

益美さんは、この事態を乗り越える術を、切実に求めていた。

筆者は、二人の間に起きていることを整理したうえで、夫が強い愛情飢餓を抱えた人で、夫が求めているのは、恋人の頃のように自分のことだけを優先してくれる存在であり、今は、それを徹底的に充足させることが、安定回復の近道であることを説明した。

「結局、私は、何をすればいいんですか?」と、訊ねる益美さんに、「旦那さんの愛人になったつもりで、接してください」とアドバイスした。

その後、幸久さんの精神状態は次第に安定化し、一か月もすると、これまでの常軌を逸したふるまいは、まったく収まってしまった。

今では益美さんは、夫が少し不機嫌そうにすると、それがサインのように、昼間であろうと服を脱ぎだすという。すると、幸久さんはそれを待っていたように、益美さんを抱き寄せ、その場で行為に至るという。まるで、社長と愛人の秘書のように。服装や下着にも気を配り、夫を飽きさせない、刺激的な装いを心がけている。幸久さんは絶倫で、毎日のように求めてくるという。

家のこともしなければならないので、夫の欲求を満たすのは、とても疲れるようだが、夫婦仲は円満になり、ラブラブだという。

幸久さんにとって、妻とのセックスは、自分が愛されていること、自分が生きていることを確認するための証明行為のような意味をもっていたと思われる。不安定な自己愛を抱えた女性において、セックスが安心を得るための行為として機能することがよく知られている。しかし、そのことは男性においても当てはまる。

不特定多数の人を求めるような場合には、弊害やリスクも大きくなりやすいが、配偶者とのセックスにのめりこんだとしても、さほど問題はなく、セックス依存とまでは言えないだろう。

実際、益美さんが積極的にセックスに応じるようになってから、しばらくは頻度の高い状況が続いたが、三か月もすると、一時ほど頻繁ではなくなり、落ち着いていった。いつでも妻と愛し合えるという安心感が、飢餓感を薄れさせ、過剰なまでに亢進していた欲求を鎮めることになったのだろう。

見捨てられるという不安感が強く、依存欲求が過剰になりやすいものの、次々と他の女性を征服しなければ満足できないようなタイプの男性とは違い、妻に応える気持ちが残っていれば、まだ改善しやすいと言えるだろう。

このケースは、愛情飢餓を抱えた男性の例だが、無論、同じ傾向を女性が抱えている場合もある。その場合、関心や注目、セックスやスキンシップが、自分を保つために非常に重要ということもある。

結婚して何年か経てば、性的な関心が衰えていくことが多い。妻がこうした苦しさを抱えたケースでは欲求が充足されにくく、しかし、夫の方は早く欲求が充足されてしまい、言い換えると先に飽きがきて、夫婦関係の頻度を減らそうとする。それに追い打ちをかけるのが、年々忙しくなる仕事だ。

新婚の頃は、毎晩愛の営みがあり、気持ちも体も満たされていると感じ、不安定な気持ちに陥ることがなかったのが、何年か経ち、夫も昇進したり、責任が増えたりして、仕事にエネルギーを奪われる。残業で睡眠時間さえ削らないといけないという場合も多い。妻と毎晩のように愛し合うエネルギーや時間は、とても残っていない。

一方、妻が専業主婦だったりすると、体力を持て余していることも多い。夜になれば夫が帰ってきて、一緒に食事をし、お酒を飲んだり愛を交わしたりすることを、ひそかに楽しみにしている。しかし、来る日も来る日も夫は疲れ果て、夕食をとりながら船をこぐありさまだったりする。せっかくの週末さえ、テレビを見ながら眠ってしまったりする。

妻は虚しくベッドに横たわりながら、不満を覚える。不安定な愛着を抱え、絶えず愛情やその証を必要とするタイプの人では、セックスや抱擁といったことは、水や栄養と同じくらい生きていくのに不可欠なものだ。まさに渇きと飢餓にあえぐようなつらさを味わうことになる。

ある三十代の女性の場合も、うつ状態や不安、情緒不安定で苦しんでいたが、そうした問題が背景に見出された。転勤で通勤時間が一時間も増えたうえに、責任も重くなっていた夫は、妻の欲求不満に気づくゆとりもなかったのだ。

奥さんが特別にスキンシップを必要とするタイプであることを説明して、セックスが無理な場合でも、抱擁したり、愛撫したりして、スキンシップを増やすようにアドバイスした。妻はすぐさま安定を取り戻した。

その後、夫は負担の少ない仕事に転職し、家庭を優先するようになったことで、一時は安定剤が必要だった妻は、薬の支えがなくても落ち着いていられるようになった。セックスレスなカップルやセックスは不要という人が増える一方で、セックスがないと生きている気がしないという人もいる。その点も理解して、パートナーとの関係を考える必要があろう。

セックスやハグ、ボディ・タッチといったスキンシップは、オキシトシン系を活性化するという点でも極めて有効な方法だ。それによって安心感やストレス耐性が増し、優しさや寛大さを高めることにもつながる。その恩恵は、どちらにも返ってくる。

オキシトシン系を活性化する方法としては、他に子どもとスキンシップをとったり、体を使って遊ぶことも良いだろう。動物の世話をしたり、体を撫でたりすることも役に立つ。また、マッサージをしてもらうことだけでなく、することも、互いの親密さを増すことにつながる。親しい存在とのアイコンタクトや笑顔をかわすことも、オキシトシンの分泌を促す。言葉の愛撫も大切だ。優しいいたわりの言葉も同じような効果がある。

第十四章　怒りのスイッチを切るには

ケース14　三十年分の恨み

五十代の女性・篤子《あつこ》さんが、夫・邦晴《くにはる》さんとのことで相談にやってきた。

夫の些細なひと言にも、怒りのスイッチが入ってしまい、きつい言葉が口から迸《ほとばし》るように出てしまう。大抵昔の傷つけられたことを蒸し返し、その怒りを夫にぶつけ、責め続けてしまうというのだ。

自分でも、どうしてこんなふうになってしまうのか、わからないという。

そもそもこんなふうになったきっかけは、五年前に、夫の父親が亡くなり、遺産相続問題が起きたことからだった。それまで、一生懸命義父の世話をしていたのは、篤子さんだったが、葬儀が終わるや、夫の弟がいきなり相続の問題を切り出し、きっちり半分ほしいと言ってきたのだ。それに対して、夫はまったく反論もせずに、弟の言いなりになってしまった。その様子を見て、尽くすだけ尽くしても、結局、この人は妻の苦労など何もわかっておらず、妻を守ってくれようともしないのだと思って、ものすごく怒りを覚えた。

そう考えると、いつも夫はそうだった。面倒なことは何でも篤子さんに押し付けて、人にいい顔をして、肝心の篤子さんには何一つしてくれなかった。守るべきものが逆ではないかと、言ってやりたかったが、そのときは気持ちを抑えてしまった。

しかし、それからだんだんと、夫に対する許せない気持ちが、折に触れて込み上げるようになってしまったのだ。

夫が言う些細なひと言。たとえば、先日も篤子さんが台所で一生懸命シンクを磨いていると、「それくらいにしといたら。そんなもの、いくら磨いても同じだ」と言ってきた。いかにも、篤子さんのしていることなんか、意味がないと言うような馬鹿にした言い方に聞こえた。「どうせ私がすることなんか、それくらいにしか思っていないんだ」。だから、義父のことでも、篤子さんが頑張ったことなど何も触れずに、弟の言いなりになってしまったのではないか。肝心なことは何も言えないくせに、こうして尽くしている妻を貶《けな》すような言い方をする夫に腹が立って、また怒りにとらわれ、攻撃し続けてしまった。

もともと夫は、ぶっきらぼうなところがあり、相手に細やかな気遣いをするタイプではない。相手の気に障るような言い方を、ポンとしてしまうのだ。

冷静になって考えてみれば、夫もあながち悪気があってそう言ったのではなく、篤子さんの体調を気遣って、そこまで頑張らなくてもいいよ、と言いたかっただけなのかもしれない。それが、長年身についた癖で、「そんなもの、いくら磨いても同じだ」といった、見下すような言い方になってしまった。でも、本当に夫が伝えたかったのはその前側の部分で、「それくらいにしといたら」といういたわりの気持ちだったのではないだろうか。

そんな状況のときに、さらに事態を緊迫させる出来事が起きる。夫が女と会っているらしいというのだ。たまたま夫のケータイが鳴っているのに気づいて、見てみると、見知らぬ女性からのメールが入っていた。山歩きへの誘いのメールだった。夫に詰問すると、山歩きの仲間の一人で、特別な関係ではないという。しかし、文面にはどこか親しげな調子があり、事務的なものではなかった。それから夫の行動を監視していると、確かに挙措《きよそ》がおかしい。ケータイが鳴るといそいそと席をはずし、文面をチェックしているようだ。

最初のうち、同じ調子で夫をなじり、絶対怪しいと責めたてていたのだが、そうすることに、篤子さんは逆に不安を感じるようになった。こんなふうに毎日毎日責められては、夫もさぞかし嫌だろう。他の女性と会う方が、気が晴れるに違いない。このままでは、夫の気持ちは自分から離れてしまい、他の女に走ってしまうかもしれない。夫がそこまでもてるとは思えないものの、ずっと年上の男の方がいいという女だっている。蓼《たで》食う虫も好き好きだ。夫のような男だって、外では案外輝いていて、タイプだという女だっていないとは限らない。

不安にかられた篤子さんは、急に夫が、もてもて男のように思えてしまう。それに対して夫は、絶対に浮気などしていないと言ってくれたが、半信半疑にならざるを得ない。思いつめ涙ぐんでいる篤子さんの背中を、夫が撫でてくれた。そんなことをしてくれたのは、何年ぶりだろう。それも、夫が罪滅ぼしで、こちらの目をあざむくためにやっていることのようにも思えるが、信じたい気持ちもあり、「本当に信じていいの」と言うと、そうだと言ってくれた。

その頃から、篤子さんの責めるような言い方にも、ブレーキがかかるようになり、普通に接するようになった。何かの拍子に、昔の古傷がうずき、ついまた攻撃的な言葉を投げつけそうになるが、夫が嫌気をさしていなくなってしまうのも困ると、あのときの不安が蘇り、怒りを中和してくれる。夫も反省しているのか、朝一緒に散歩に行ったり、家事を手伝ったりしてくれるようになった。

レッスン14　怒りを鎮めるのは、攻撃ではなく優しさ

実際こうした状態に妻が陥った場合、対応を誤ると、とことん関係が悪化し、一緒に暮らすことが困難になったり、妻がうつ病や妄想性障害のような精神病にかかったりして、

取り返しのつかない事態になってしまうこともある。これまで築き上げてきた家庭が崩壊するようなことになれば、日々の暮らしにも仕事にも著しい支障が出るだけでなく、この先、寂しく孤独な老後を迎えなければならなくなってしまう。

しかし、うまく対応することができれば、怒りにとらわれた状態はやがて落ち着き、むしろ以前よりも信頼関係が深まり、平穏な生活を取り戻すことができる。

第三章で、関係に破壊的な影響を及ぼす非機能的怒りには、いくつかのタイプがあることを述べた。自己愛的怒り、両価的怒り、傷つけられたことへのとらわれ、自分を偽ることへの怒り、の四つだ。

このケースの場合、両価的怒りと傷つけられたことへのとらわれのタイプの怒りが関係していると思われる。両価的怒りは、求めるがゆえに、優しい愛情を与えてもらえないことへの怒りであり、裏返った愛情だとも言える。愛しているからこそ、憎いのだ。

このケースの女性・篤子さんが夫を責めたてながら、同時に深く夫を愛していることは、随所に感じられるだろう。

一方、傷つけられたことへのとらわれは、長年我慢してきたことが限界を超えることで、怒りが止められなくなった状態だ。一旦そうなると、些細なことからも我慢できなくなって、攻撃してしまう。今まで耐え通していたことが馬鹿らしく思えて、ずっと満たされずにきた分を取り戻そうと、反動が来るのだ。痛めつけられ続けた自己愛が逆襲を始めるのだ。

この状態は、夫婦やパートナーとの関係がターミナル・ステージを迎えたとき、しばしばみられる状態だ。ただし、かつて忍耐強い時代には、そうした状態が何十年も続いているのに、まだ別れずにいるということも珍しくなかった。

しかし、このような状態で暮らすことは、お互いストレスになるばかりか、当人たちだけでなく、子どもなど周囲にも悪影響が及んでしまう。悪影響を避けるためには、関係を修復するか、それが無理なら、関係を清算することを考えねばならない。

このケースのように、求めるがゆえに怒っているという場合には、まだ諦めきれていないということでもあり、修復の余地がある。

では、どうすれば、顔を見ると怒りがわいてくるという状態に陥った関係を修復することができるのだろうか。その問題を考えるうえで役立つのが、愛着という観点だ。両価的怒りにとらわれているとき、愛着が不安定になっているが、ことに両価型（不安型）の愛着が、極度に強まっている。愛情や関心をもっともっとほしいのに、それに応えてくれず、放っておかれると感じるから、怒っているのだ。

つまり、この状態は、もっとかまってほしい、優しくしてほしいという必死のアピールであり、それが亢進し、ブレーキが利かなくなっているだけなのだ。

この状態のときに、無視したり、逆ギレして責めたりすれば、火に油を注ぐような結果になり、事態をもっとこじらせてしまう。

攻撃に攻撃で返している限り、出口は遠ざかっていくばかりで、互いの信頼は、さらに破壊されてしまう。

それゆえ、怒りに取りつかれ、相手を責める関係になったとき、それが両価的怒りではないか、冷静になってよく考えてみる必要がある。もしそうだとしたら、このまま怒りに任せて責め続ければ、相手を失うことになったとき、大きな後悔が生じるだろう。

本当にこのまま相手を失ってしまって後悔しないのかどうかを、突き詰めて考えてみる必要がある。一時の感情で、勢いに任せて、行き着くところまで行ってしまうと、後戻りが難しくなる。そうなることを本当に望んでいるのならかまわないのだが、本音は違っているとしたら、それは悲劇だ。

つい相手を責めてしまう状況が続くとき、このまま、その人を失うところまで行き着くことを自分が望んでいるのか、それとも、もっと相手の協力や思いやりがほしいだけで、失いたいわけではないのか、いずれを求めているのかを、自分自身の胸によく尋ねてみることだ。

もし求めているのに責めてしまっているのなら、それはあべこべのことをしてしまっている。自分のことをもっと愛してほしいと思って相手に拳をふるったところで、それは逆の結果になるだけだ。もっと愛がほしいのに愛してもらえないからといって、相手を責め、怒りをぶつけても、求めるものは遠ざかっていくばかりだ。

必要なのは、自分を振り返ってみることだ。自分の立場ばかりではなく、相手の立場に立って考えることだ。すると、今まで見えていなかったことが見えてきて、相手の事情や気持ちがわかってくるはずだ。

そして、少しだけ素直な気持ちに、優しい気持ちになってみること。意地や勝ち負けにこだわっているのなら、自分から負ける勇気をもつことだ。勝負に負けて、人生に勝つということも多いのだ。つまらない意地のために、人生を寂しく、孤独なものにすることほど、愚かなことはない。

このケースの場合も、事態を逆転させたのは、夫を失うかもしれないという危機感だった。相手を抹殺したくて責めているわけではなかったので、相手を失うかもしれないという不安に直面したとき、責めることの愚かしさに気づき、そこからブレーキがかかるようになったのだ。

夫の対応も良かったと言える。夫も、このままでは妻がおかしくなってしまうのではないかという危機感を抱き、軽く考えるのをやめた。そして、自分の至らない点を反省し、本気で妻にかかわるようになったのだ。冷たく突き放したり、問題から目をそらしたりするのではなく、優しさやいたわりが特効薬だった。なぜなら、妻の怒りは、それを求めるためのものだったのだから。

怒りを解き、優しい気持ちにさせるのは、やはり怒りではなく優しさなのだ。優しい心遣いやふれあいは、オキシトシン系を活性化させ、不安やストレスを減らし、寛大な気持ちにさせる。優しさが優しさをもたらすのだ。

第十五章　「DV亭主」との再出発

ケース15　勧められた離婚

〝事件〟は、些細なことから起きた。予兆がなかったわけではない。その前夜、子どもの教育方針のことで、妻の綾子《あやこ》さんと夫の成章《しげあき》さんとの間には意見の食い違いがあり、二人は口ゲンカをしてしまった。ただ、このときが最初というわけではなく、よくあることだったので、翌朝も、妻が不機嫌そうにしているとは思ったが、成章さんは、特段気にも留めないまま出勤していった。

自宅から五分ほど歩いたところで、忘れ物に気がついた成章さんは、大急ぎで引き返してきた。ところが、玄関の鍵が締まっていて開かない。間が悪いことに、自宅の鍵を持って出ていなかったので、「開けてくれ!」と中にいるはずの妻を呼んだ。

妻の綾子さんは、前日からの嫌な気分を引きずっていて、夫が出かけるとすぐ、玄関に施錠をして、二階の寝室に休みに上がっていた。遅刻してしまうと焦っていた成章さんは、なかなか開かない玄関のドアにいら立ち、激しくドアを叩いた。眠りかけていた綾子さんは、外で騒ぐ物音を聞きながらも、しばらく降りていく気になれなかった。あまりに騒ぐので怖くなり、ようやく降りてきた綾子さんがドアを開けてみると、怒り心頭に発していた成章さんは、ものすごい形相で妻をにらみつけ、「何をしてんだ。おれが遅刻するのが、そんなに面白いか！」と、怒鳴りつけたのだ。

そんな夫の態度に、恐怖を感じるとともに、心を傷つけられた綾子さんは、思い余ってネットで調べたＤＶの相談窓口に電話をした。綾子さんが事情を涙ながらに訴えたこともあり、相談員は事態を深刻に受け止めたらしい。これまで一度も直接的な暴力はなかったが、夫の言動は、立派な言葉の暴力であると言われ、エスカレートする恐れもあるので、すぐに家を出て避難した方がいいと勧められた。それで、大急ぎで荷物をまとめると、家を出て、しばらくビジネスホテルで暮らすことにした。

その間、相談窓口に行くと、綾子さんは、これまで我慢してきた夫への不満を洗いざらいぶちまけた。すると同情した相談員は、今後改善することは望み薄だから、できるだけ早く離婚した方がいいと言い、ＤＶや離婚に詳しい弁護士まで紹介してくれた。

しかし、そこまで話が進んだところで、綾子さんは逆に不安になってきた。本当にこのまま別れてしまっていいのか。経済的な心配や子どもへの影響ということもあったが、そもそも自分は本当にそんなことを望んでいるのかと、自分でもわからなくなったのだ。

そのうち、夫が頭を下げて謝ってきたこともあり、子どものこともあったので、一旦家に戻ったが、このままではまた同じことになるのではという思いもあって、夫婦でカウンセリングに通い始めたのだ。

綾子さんが、三歳上の成章さんと知り合ったのは、大学の友人を介してだった。成章さんは、土地持ちの裕福な家のお坊ちゃまで、苦労を知らずに育った人に特有のガツガツしない、のんびりした雰囲気を漂わせていた。

一方、綾子さんの方は、母子家庭に育ち、人に言えない苦労も多かった。母親との関係も不安定で、あまり褒めてもらった記憶もない。母親の愚痴や不満ばかり聞かされたせいか、何でも悪く考えてしまうところがあった。

そんな綾子さんには、恵まれた家庭で育った成章さんがまぶしく思え、成章さんの方は、少し不安定なところがある綾子さんのことを放っておけない存在だと感じ、いつしか離れがたい関係になっていた。

結婚してみると、長所に思えたことは、すべて欠点でもあった。成章さんは思った以上に鈍感で、またその頃は、姑がまだ元気だったこともあり、綾子さんは、旧家の嫁として気苦労が絶えなかった。成章さんのフォローも、綾子さんからすると間が抜けたもので、夜ごとに泣いて成章さんを困らせたものだ。

子どもができたこともあり、今さら行くところもないという諦めで、仕方なく結婚生活を続けてきた。二人目の子どもができて間もなく、姑がクモ膜下出血で亡くなると、気苦労は半分になったが、夫の頼りなさは相変わらずで、イライラさせられることが多かった。

それでも、子どもが小学校に上がる頃までは、夫婦仲が特に悪かったというわけでもない。二人の関係がぎすぎすし出したのは、子どもがよく学校を休むようになった頃からだ。綾子さんは、成章さんに逐一相談しようとするのだが、成章さんは、そこまで神経質にならなくてもと、呑気なことを言い、まるで母親の綾子さんが過敏になりすぎていることが悪いような言い方をする。

ろくに育児にもかかわってくれなかったのに、そういう言い方をされると腹が立ち、これまで我慢していたことまで、すべて馬鹿らしく思えてくる。つい不満な点を責め、それに夫がキレるということが増え、冒頭に述べたような事態にもなったのだ。

レッスン15　修復の可能性を見極める

夫婦関係のほころびが広がりだすのは、大抵何か問題が発生し、通常よりも精神的な負荷が増えたときだ。安定した夫婦の関係が保たれていれば、ピンチのときほど絆が強まり、協力して難局を乗り切ろうとする。

しかし、もともと愛着に不安定なところがあったり、回避的で面倒ごとに向き合おうとしなかったり、自己愛的で思いやりに欠けていたりする場合、負荷がかかると逆に足並みが乱れ、相手に責任を押し付け合ったり、不満や攻撃ばかりが増えるようになる。

このケースの場合も、最初は姑との関係、後には子どもの問題が、関係を悪化させる要因となった。

お坊ちゃま育ちで、人の気持ちを汲み取るのが苦手で、面倒な問題は避けてしまう回避型の夫と、人一倍心配性で、常に支えや承認を必要とする不安型の妻との間の乖離が、負荷のかかった状況になって、余計に強まってしまったと考えられる。

だが、この妻自身が悟ったように、妻の側の不満や攻撃は、もともと夫から思いやりや協力を得たいという気持ちから出たものであり、別れて別の人生を歩みたいというのが目的ではなかった。そのことをはっきりと悟った妻は、夫と敵対するのをやめて、協力を求め、関係を立て直す試みに、一緒に取り組む方向に進んでいったのだ。

妻自身にも、生い立ちからくる問題があった。一つは、相手に合わせすぎたり我慢しすぎてしまい、自分の気持ちをはっきりと伝えるのが苦手だということだ。これは、不安定な母親の顔色を見て育った名残だろう。

もう一つは、頼っているにもかかわらず、相手に求めすぎて、期待外れだと、過度に相手を責めてしまうという点だ。不安型の人に多いパターンだが、夫婦の関係を安定したものにするためには、相手に対する期待値を下げる必要があった。

一方、夫には、軽度ながら自閉症スペクトラムの傾向があり、相手の気持ちを汲むことよりも、それが正しいかどうかという点にこだわってしまうところがあった。論理的に考える傾向が強い男性にはありがちなことだが、それが少し行き過ぎていたのだ。ことに、妻が不安型の場合、妻の気持ちとは逆の、両価的怒りからくる行動をまともに受け取ってしまい、事態が紛糾しやすい。

親密な関係においては、例えば、その発言や行動が正しいかどうかということはあまり重要ではなく、どういう気持ちでそのことを言ったか、行ったかが重要なのだ。ところが、情緒的な理解が苦手なタイプの人では、正しいかどうかにばかりこだわりやすい。そのため、すれ違いが起きてしまう。

DVという見方が広く流布し、夫の攻撃的な行動には、「暴力」としての側面に注意が集まりがちだ。そうなると、暴力をふるった「加害者」と、ふるわれた「被害者」に分けられることになる。加害者は悪い人であり、罰せられるか矯正されるべきで、被害者は良い人なのに不当な仕打ちを受けたので、保護されねばならないということになる。これは、

「司法モデル」という刑法的な視点であり、アメリカを中心に盛んとなり、日本にも移入されてきた。もちろん、こうした視点で妻を守ることが必要なケースも少なくない。

ただ、この司法モデルを、何でもかんでも適用すると困ったことになる。司法モデルは、関係を修復するという点では、むしろ阻害要因となる場合もあるからだ。「被害者」「加害者」という対立させた視点が入ることで、協力して問題解決に取り組むことが、かえって難しくなるのだ。「加害者」と言われ、一時は反省して我慢していても、「被害者」から「加害者」として責められ、反省を強いられ続けることに耐えられなくなり、また爆発してしまうという状況もよくみられる。

ＤＶは、最終的な行動の結果だ。そこに至るプロセスがある。そこでしばしば関与しているのが、お互いの愛着スタイルのズレだったり、虐待されて育った過去だったり、傷ついた自己愛の問題だったりする。

大切なのは、修復が可能かどうかを見極めることだ。その場合のポイントは二つある。一つは、妻の方が、冷静に考えられる状況になった時点で、もう一度やり直すことを望むかどうかということだ。二つ目は、夫の方が、自分の問題に向き合う気があるかどうかということだ。どちらも難しい場合には、修復は困難だ。どちらか一方という場合には、もう少し見極めが必要だ。最後通牒を突きつけられて初めて、夫が重い腰を上げるということは多い。

このケースは、その後、夫婦がカウンセリングを受け、また認知行動療法などの取り組みを通して関係が改善していった。妻は頼っているのに過剰に期待しすぎて、それが思い通りにならないと怒りを覚えるというパターンを自覚するようになり、また、夫は、正しいか間違っているかではなく、気持ちを汲み取るという視点をもつようになり、話がだいぶ嚙み合うようになった。

たまに小さなケンカはあるが、仲睦まじかった頃の関係におおむね戻っている。そこで一番変わった点は、互いの非に目を向けるのではなく、互いの失敗に対して優しさや寛容さを取り戻したことだ。離婚を真剣に考えていた頃のことが、笑い話になろうとしている。

第十六章　鳥かごから羽ばたく妻たち

ケース16　妻から輝きを奪っていたのは

三十代半ばの女性・愛菜《あいな》さんは、気分の落ち込みが続き、家事も思うようにできなくなってしまったため、医療機関の心療内科を受診した。愛菜さんはうつ状態と診断され、抗うつ薬などの投薬治療を受けたが、半年経っても一向に改善しない。何かほかに問題があるのではないかと、カウンセリング・センターに相談にやってきたのだ。

インテーク面接（経過や背景についての予備的な面接）のなかで、愛菜さんは夫の仕事が忙しく、二人の子どもの育児にほとんど一人で追われてきた状況を語った。しかも、子育てが少し落ち着いたと思ったら、脳梗塞を起こした姑を引き取らねばならなくなり、その介護の負担も加わった。夫には姉が二人もいたが、実の娘ではなく、なぜ自分が世話をしなければならないのかという理不尽な思いもあった。

夫の晃一《こういち》さんは母親のことになると、人が変わったように感情的になり、そんなに面倒を見るのが嫌なら、おれと別れろと言って、愛菜さんの愚痴に耳を貸そうともしなかった。愛菜さんとしては、ただ話を聞いて、その大変さをわかってほしかっただけなのだが。ところが、夫は愛菜さんが愚痴をこぼすことさえ許さず、ふた言目には、「誰が食わしてやっていると思っているんだ」と、愛菜さんが働いていないことを、弱みのように言い立てるのだった。

しかし、愛菜さんにしてみれば、働きたくなくて働いていないのではなかった。愛菜さんは、結婚まで保育士の仕事をしていて、とてもやりがいを感じていた。愛菜さんは続けるつもりでいたが、帰ってきて夕食の用意ができていなかったりすると、夫は途端に不機嫌になり、新婚早々ケンカになることもあった。ちょうど妊娠したこともあり、家庭を優先することにして、泣く泣く仕事を辞めたのだ。

それから、二人の子どもの出産・育児、それに姑の介護まで加わって、家のことに追われる日々が続いた。

そうやって頑張ってきたのに、最近では、特に上の子は母親のことを鬱陶しがるようになり、愛菜さんのひと言ひと言に逆らってくる。何のために、家族のことを優先してやってきたのかと思うと、情けなくなってしまう。

さらに追い打ちをかける出来事が起きる。姑の介護のことで、夫の姉からケチをつけられたのだ。姑が肺炎を起こして入院したが、それがまるで愛菜さんの世話が悪かったと言わんばかりの言い方をされたのだ。ぐっと怒りの気持ちを飲み込んだが、腸《はらわた》が煮えくり返る思いだった。そばでやり取りを聞いていた夫が、何のフォローもしてくれなかったのもショックだった。

その頃から、気分が暗くなり、家事も次第にできなくなった。その状況に、夫もさすがに無理をさせすぎたと気づいて、結局、姑は入院先の病院から施設に入ることになったが、それから気が抜けたように、愛菜さんは、ほとんど寝たきりの生活になってしまった。

こうなってしまうまでの愛菜さんは、何もできない今とはまったく違っていた。愛菜さんは手抜きができない性格で、家事や介護も、ほとんど完璧なほどに頑張っていたのだ。細かいところまで気を配るだけでなく、毎日、育児も介護も詳細な日誌をつけ、びっしり記録をとるとともに、常に問題点や反省を書き留めて改善を心がけた。保育士の頃に訓練されたやり方を、家庭に入っても、きっちりと実践していたのだ。その記録も、糸がキレたようにぷつりと途絶えてしまった。

ある意味、人一倍頑張っていたからこそ、義姉から言われた言葉や、自分の子どもが思い通りにならないことが、余計に応えたと言える。

愛菜さんを追い詰めた問題点として、一つには愛菜さんの完璧を求める傾向が浮かび上がった。もう少し目標や期待値を下げ、百点か零点かではなく、十点でも二十点でも、ゼロよりはましで、五十点なら上出来と受け止める練習を、カウンセリングのなかで行っていった。

実はそれと同時に愛菜さんの活力や希望を奪っているもう一つの問題点が浮かび上がってきた。愛菜さんはかつて仕事に大きなやりがいを感じていたのだが、結婚して、育児や介護に忙殺されるばかりで、外で活躍し、評価されるという体験から遠ざかる一方だった。つまり、自分の能力や専門性が生かされるという自己有用感や充実感を味わえていないという問題だった。家事や育児、姑の介護も、大事なことではあるが、そのことに誰一人感謝の言葉を言ってくれるわけでもなく、当たり前のように求められるということもあり、日々の単調な繰り返しに、すっかり消耗してしまっていたのだ。しかも、夫は働いてお金を稼がない妻を、どこか低くみて、態度や口ぶりにもそれを匂わせた。愛菜さんは自分に対する自信さえ低下させて、虚しさを味わうようになっていた。

カウンセリングでは、その点にも焦点を当て、姑が施設に入り、子どもたちも手がかからなくなった今は、むしろ仕事を再開するチャンスではないかということを指摘して、状況についての認識を前向きなものに変えていった。

愛菜さんは、ひたすら我慢して、誰からも感謝されず、今の生活に耐えるしかないと思っていたのが、もっと違う可能性もあるのだと考えられるようになったことで、新たな希望を取り戻していった。自信をなくし、長く社会から遠ざかってしまった自分には、働くことなどもう無理だという思い込みがあったが、それを打ち砕くことで、そんなことはないのだと考えられるようになったのだ。

その後、愛菜さんは仕事の再開を具体的に考えるようになり、パート勤務ではあるが、働き始めた。最初はおっかなびっくりだったが、仕事の感覚が蘇ると、次第に自信を取り戻していった。無気力になっていたときは、年齢よりも老けて見えていた愛菜さんだったが、見違えるように若返った。

ひどい状態にまでなった妻の姿を目《ま》の当たりにし、またカウンセリングを一緒に受けるなかで、夫も妻に一方的に負担をかけておきながら、面倒なことからは目を背け、何の協力もしてこなかったことを反省し、進んで妻に協力するようになった。働きだしたのを機に、家事も分担し、月に二回は外食をすることにした。

美しく、生き生きとしている妻の姿が、夫としてもまんざらでもない様子で、自分が食わしてやっているというような言い草も無論、影を潜めた。むしろこの頃は、足取りも軽やかに出かけていく妻の姿に、外に男でもいるんじゃないかと冗談を言ったりする。

愛菜さんは、自身の経験を経て、若い頃とは違った視点で、育児や保育を見ることができるようになり、一段と面白さを感じるようになったという。最近では、活動の範囲を広げ、子育てセミナーの講師もしている。

レッスン16　自分らしさを取り戻すために

この女性が無気力になり、希望を失ってしまう一因となっていたのは、自分らしさを発揮する仕事を奪われ、家庭という狭いかごに閉じ込められてきたという状況だった。それまで外で活躍していた女性が、結婚により家庭や育児に縛られたときに、うつ状態になることがある。うつになることで、家事さえも満足にできなくなり、そのことを夫が責めたり非難したりすると、余計に自信をなくし、悪循環を形成しやすい。

こうした状態を、「かごの鳥症候群」と呼ぶ。華々しく活躍し、周囲から評価される働きをしていた人ほど、家庭に入り、家事・育児漬けになると、次第に無気力になり、毎日の生活に張り合いがもてなくなってしまう。

誰もが自ら輝きたいと思い、自己実現を求めようとする時代にあっては、サポート役ばかりの毎日では、満たされないものを感じてしまう。外からのほどよい刺激や評価が、活力や心の健康を保つためには必要なのだ。

このケースの女性も、結婚まで仕事に大きなやりがいを感じていただけに、それを奪われ、家庭に閉じ込められてしまうと、元気を失ってしまった。夫は、外で仕事をする自由を味わっているのに、サポート役に回っている妻を、あたかも楽をしているかのような言い方で貶めたり、家事や育児だけでなく、母親の介護まで妻に押し付け、それを当たり前のように思っていた。そんななかでも一生懸命頑張っていたのに、評価されるどころか理不尽なことを言われ、夫も守ってくれなかったことで、かろうじて保っていた心のバランスが崩れてしまったのだ。

とかく家事や育児、介護といった仕事は、外でお金を稼ぐ仕事に比べて評価されない。お金を稼ぐ仕事以上に、地道な努力と忍耐が必要だということをパートナーが認識し、感謝の気持ちを忘れないことが大切だろう。

なかには、家事が苦手で、外でしか輝けないタイプの女性もいる。その場合は、家庭に縛られてしまうと、なおのこと適応障害を起こしてしまう。

かごの鳥症候群から回復する一番の方法は、かごから外に出て、外界の刺激を取り戻すことだ。しかし、長い間、閉じ込められていると、外でやっていく自信をなくしていたり、外で何かしようとしても、すぐにはうまくいかない場合もある。一気にやりすぎず、最初の一歩は小さめに、少しずつ羽を慣らしていくことも大事だろう。

個人を尊重する社会に成熟していくためには、夫は外で働き、妻は家を守るといった分業ではうまくいかない。むしろ向かうべき方向としては、個人主義先進国オランダのように、夫も妻も三日ずつ働き、家事も育児も平等に分担するという方向に進んでいくことではないか。

もちろん個人差があり、家事や育児が得意な人、外でお金を稼ぐのが得意な人という特性の違いに合わせて、男性であれ女性であれ、適した方の役割を多目に分担するということも、一つの方法だ。外で活躍したいタイプの人は、サポート役に適した人を伴侶に選ぶ必要があるだろう。どちらもが主役を張りたいということになると、どちらかが不満をためめ、我慢を強いられることになるからだ。その場合、破綻を避け、安定した関係を築くには、公平な役割分担が不可欠だろう。

第十七章　愛着が修復されるとき

ケース17　シングルマザーとバツイチ男が出会って

晶紀《あき》さんが健吾《けんご》さんと出会ったのは、ニューヨークでの生活が三年目を迎えていた二十六歳のときのことだ。晶紀さんが働いていた、日本人も多くやってくるカフェに、駐在員として赴任してきた健吾さんが訪れるようになったのだ。

晶紀さんは、別の男性との恋愛に破れ、しかもその間に生まれた二歳の娘を抱え、シングルマザーとして暮らしていた。

実家は開業医で裕福だったが、シングルマザーとなった晶紀さんが気軽に帰るには、敷居が高すぎた。父親が亡くなり、兄が後を継いでいたので、なおさら実家には戻りにくかった。

一方、健吾さんも、それまで落ち着かない人生を歩んできていた。まだ三十歳を過ぎたばかりだが、すでに離婚歴があり、四年間一緒に暮らした前妻と、一年前に別れていた。離婚の原因は妻の浮気で、そんな傷心の過去から逃れたいという願いもあって、海外赴任の話に飛びついたのだ。破局に終わった結婚だけでなく、これまでの健吾さんの人生は、挫折と失敗の連続だった。学業も中途で挫折、恋愛をすれば、失恋や裏切りに遭った。そこで人生をやり直そうと、新天地に再起をかけていたのだ。

とはいえ、その性格は無計画を絵に描いたようなずぼらさで、根っからその日暮らしの人間だった。ニューヨークにやってくるときも、貯金どころか、片づけなければならない借金が六十万円ばかりあって、その金を旧友に融通してもらって、どうにか日本を離れることができたのだった。

考えてみれば、そうした性格のいい加減さが、元の妻からも愛想をつかされたりと、人生の足を引っ張ってきたのだ。

晶紀さんをひと目見た瞬間から、惚れっぽい健吾さんは、その魅力の虜《とりこ》になった。親しく話をするようになると、晶紀さんの母性的な優しさや頭の良さ、育ちの良さに、健吾さんの心はいっそう惹きつけられた。名の通った大学を出て、英語もペラペラだった晶紀さんは、有名商社に就職し海外で働きだしたが、そのとき知り合ったのが、かつての恋人だった。妊娠と恋の破局。だが、晶紀さんは子どもを産む選択をしたのだった。

その話を聞いた夜、健吾さんは、初めて晶紀さんと結ばれた。健吾さんは、中小企業の駐在員で、学歴もなければ、イケメンでもない。晶紀さんが、なぜ健吾さんに心を許したのか。晶紀さんの言葉によると、健吾さんを前にすると、ほっとできたのだという。晶紀さんの周りに大勢いた、地位や学歴を鼻にかけたエリートたちとはまるで違って、健吾さんは、実に自然体だった。こんな人もいるんだと思うだけで、自分の存在とプライドを守るためにいつも身構えていた晶紀さんは、余分な力が抜けていくような安心と心地よさを覚えたのだ。

幼い娘と三人で会うようになったある日、健吾さんは、父親になりたいと、晶紀さんにプロポーズした。晶紀さんは本気かと疑ったが、健吾さんはいつも本気だった。

それから三人の暮らしが始まった。間もなく、健吾さんにチャンスが訪れる。会社が海外の営業所を、別会社として独立させることになったのだ。健吾さんに白羽の矢が立った。しかし、独占販売契約を結んだり、契約を受け継ぐために、まとまった資金が必要だった。健吾さんにそんな蓄えはなく、泣く泣く諦めるしかないかと思ったとき、晶紀さんが、私が出してもいいと言いだした。晶紀さんは父親の遺産としてもらったお金を、将来のために蓄えていたのだ。話がとんとん拍子で進み、健吾さんは、三十代半ばの若さで海外販売会社の社長の座についた。

ただ、喜んでばかりもいられなかった。現地のスタッフを使いこなし、現地の顧客を相手にビジネスすることは、そうたやすいことではなかった。ババつかみだったかと、妻の虎の子をつぎ込んでしまったことを後悔することもあった。

だが、そんなときも自ら営業スタッフとして辣腕をふるったのは、妻の晶紀さんだった。晶紀さんは英語が達者なうえに、客あしらいが上手だった。経営にも抜け目なく、どんぶり勘定になりがちな健吾さんの脇の甘さを、要所要所で引き締めてくれた。

晶紀さんの助けがなければ、間違いなく一、二年で倒産していただろう。何度か危機が訪れたが、健吾さんの会社は、苦難の時期を乗り越え、発展を遂げた。子宝にも恵まれ、晶紀さんは育児と事業のサポートの両方に多忙な日々を過ごした。会社は、十年後には、西海岸やカナダにまで営業範囲を拡大し、健吾さんは、押しも押されぬ事業家としての成功を収めていた。まさに晶紀さんは、健吾さんにとって〝上げまん〟だったと言える。

しかし、経済的な成功は、歓迎できない副産物ももたらした。惚れっぽい健吾さんは、身近で知り合ったあらゆる女性たちと懇ろになる機会を逃さなかった。面倒見のいい健吾さんは、ただ遊ぶだけでなく、別れた後の女の行く末まで考えてやるような男だったので、女から恨まれるようなことはなかったが、愛人を何人も抱えたうえに、つまみ食いも怠らないというありさまだった。当然、家庭のことは放っておかれがちだった。

晶紀さんの女としてのプライドは深く傷つけられ、自分は妻というよりも共同経営者にすぎないのではないかと虚しくなることもあった。それでも晶紀さんが離婚を思いとどまったのは、健吾さんは、晶紀さんの連れ子に対しては変わらず優しい父親で、実父のように慕われていたということがあった。わが子から父親を二度も奪いたくないという一心で、踏みとどまったのだ。

いつしか晶紀さんは、夫は、自由を愛する子どものような人なのだと、半ば諦めの心境に達していた。

そんなとき起きたのが、健吾さんの自動車事故だった。ハイウェイを百五十キロで疾走していた健吾さんのフォードは、車体が二回も横転する大事故を起こしたのだ。骨折程度のケガで助かったのは、まさに奇跡だった。

急を聞いて駆けつけた晶紀さんは、献身的に健吾さんに付き添い、仕事では健吾さんの抜けた穴をカバーした。晶紀さんに励まされながら、健吾さんの心に変化が萌《きざ》し始めていた。自分が犯してきた過ちを悔いる気持ちと同時に、妻への感謝の念が胸に迫ったのだ。

ようやくケガから回復した健吾さんを狼狽させたのは、妻の体にガンが見つかるという事態だった。晶紀さんを失うかもしれないと思うと、子どものように不安になり、涙が込み上げてきた。心の底から、妻に負担をかけてきたことを後悔し、どんなことをしてでも妻を救おうと決意した。考えてみれば、失敗続きの人生から健吾さんを救い、何度も陥った窮地から助けあげてくれたのは、晶紀さんだった。その献身に感謝もせず、それを当たり前に思っていた自分の愚かさを悟ったのだ。

幸い妻のガンは早期で、無事に回復することができたが、健吾さんは生活を一変させ、女性関係もすべて清算し、家庭生活を大事にするようになった。

そうした変化には、年齢も関係しているだろう。健吾さんも四十代後半になっていた。漁色に使っていたエネルギーを、奉仕活動や釣りといった楽しみに使うようになった。年に三、四回は日本との間を往復し、日本でも交友を広げている。

レッスン17　愛着スタイルは変わる

このケースも、最初の蜜月が過ぎると、夫が再び自由を求めはじめ、そんな夫と家庭を大切にしようとする妻との間で、次第にズレができてしまったというものだ。

愛着スタイルでいえば、晶紀さんは、一人の男性に尽くす安定 - 不安型。一方、健吾さんは、もっと刺激や優しさを求めて、気移りしてしまう不安定 - 不安型だった。どちらも不安型という点では共通し、切実に愛されたいという飢餓感と自分を認めてほしいという欲求を抱えていた。二人とも、前のパートナーから裏切られたという心の傷をもち、またどちらも日本には居場所がないと感じていた。

世間知らずのお嬢さんで、愛を素朴に信じていた晶紀さんにとって、最初の恋愛に破れ、しかもシングルマザーとなってしまったことは、大きな衝撃だった。しかし、そんなどん底のなかで、ひとりで子どもを産んだとき、どんなことがあってもこの子を育ててみせると決意したのだった。

健吾さんと出会ったとき、晶紀さんが何より心を動かされたのは、健吾さんが、娘を心から可愛がってくれたことだった。そのことは、健吾さんが浮気を繰り返すようになっても変わらなかった。実の父親のようにわが子が懐いている存在を、わが子から奪いたくないという気持ちが、健吾さんのもとに踏みとどまらせたのだ。

それと、もう一つ、晶紀さんが健吾さんのもとにとどまることができたのは、健吾さんは多情ではあったが、無情ではなかったということだ。健吾さんは、自分が愛した女を、決して切り捨てるようなことはせず、行く末まで心配するというようなところがあった。健吾さんは浮気をしても、決して晶紀さんと別れるつもりはなかったし、別れてくれと言ったこともなかった。晶紀さんとの出会いを、自分の人生の最高の幸運だと感じ、晶紀さんを自分の守り神だとみなしていた。だから、いくら遊んでも、必ず晶紀さんや子どもたちのもとに帰ってきた。

晶紀さんを失うかもしれないと思ったとき、健吾さんがひどく狼狽したのは、精神的に彼が一番頼っていたのは、晶紀さんだったからだ。その大切さに改めて気づき、心から尽くしたことで、二人の絆は今までなかったほど強いものとなった。健吾さんの愛着スタイルは、晶紀さんによって不安定型から安定型へと変わったのだ。

愛着スタイルは持続性をもち、やすやすと変化するものではないが、同時に、三割程度の人で、成人後、変化することがわかっている。その最大の要因として、配偶者やパートナーの関係が挙げられるが、子どもをもつことも重要な要因だと考えられる。

愛着は、愛着する対象が安全基地として機能するとき、安定化しやすい。安全基地となる存在をもつとき、不安定な愛着を抱えた人も、次第に癒され、安定した絆をもつことができるようになる。

安全基地とは、どんなときも大丈夫だと言ってくれる存在だ。困ったときには助けを求め、そこを心の拠りどころとして、新たなチャレンジに向かっていけるような存在だ。晶紀さんは、健吾さんにとって、安全基地であり続けたと言えるだろう。それによって、不安定だった健吾さんの愛着スタイルは、安定したものに変わっていったに違いない。

愛着は、相互的で互恵的な現象だ。一方が、他方に愛着するとき、他方も、もう一方に愛着するようになる。そして、恩恵を与え合う。例えば、親が子どもを可愛がるとき、子どもにとって親は安全基地として機能し、愛着が形成されるが、その逆もまた真なりだ。子どもが、親にとって安全基地として機能することも起きるのだ。その結果、親はストレスや不安を減らすことができ、また、子育てを通して愛着の傷が癒され、安定した愛着をもつようになる場合もある。

晶紀さんは、まさに自分が子どもの、そして、夫の安全基地であり続けることで、子どもや夫を支えただけでなく、実は晶紀さん自身も救われていたのだ。最後には、夫の愛情飢餓さえも癒して、確かな絆を手に入れることができたのだろう。

もっとも、健吾さんのようなタイプの男性の安全基地であり続けることは、容易なことではない。妻の側からみれば、夫は頼りたいときにはそばにおらず、求めても何も返してくれないことも多いからだ。妻にとっては、夫は安全基地とはなってくれず、自分だけが夫の安全基地になるという不平等な関係を強いられることになる。

それでも夫を愛し続けることができる女性は、例外的な存在だと言えるだろう。通常は一緒にやっていくことを諦めて別の人生を歩むか、距離をおいて、子どもの父親として、またかつての夫としてかかわるか、その辺りが落ち着きどころということが多い。だが、ときには、このケースのように、苦難の時期を乗り越え、安定した揺るぎない関係にまでたどり着くこともあるのだ。

第三部

新しい愛の形を求めて

第十八章　長い糸に結ばれて

ケース18　「星の王子さま」との二十五年

短大を出て経理の仕事をしていた友香理《ゆかり》さんが、慎治《しんじ》さんと出会ったのは、二十二歳のときのことだ。慎治さんは四歳上で、バーテンダーをしていた。当時人気のあったタレント似の甘いマスクをして、話も面白く、一緒にいて楽しかった。めっぽう優しくて、細やかによく気がつき、心に傷を抱えていた友香理さんを包むように愛してくれた。

もういい年だったが、どこか天真爛漫な子どものようなところがあり、友香理さんは、「星の王子さま」のような人だと思った。

ただ、いつも金欠病で、付き合うようになると、すぐ友香理さんの金を当てにするようになった。話だけはいつも立派で、大きな夢を語り、友香理さんにお姫様のような暮らしをさせてやると、請け合ってくれたものだが、そんな口約束は一度も守られるどころか、友香理さんから借りた五千円、一万円の小口の借金さえ、滅多に返されることはなかった。しかし、そんなところもなぜか憎めなかった。

実家は昔からある酒屋で、大型店に客を取られるまでは羽振りもよく、長男だった慎治さんは裕福に育ったようだ。どことなく育ちのよさを感じさせるおっとりした雰囲気は、そのせいもあるのだろう。ただ、末っ子の長男として甘やかされたのが仇《あだ》になったのか、ブレーキが弱く、目先の欲望に負けてしまうところがあった。

慎治さんの性格を知るにつけ、友香理さんもこのまま交際を続けることに、不安を抱くことも多かった。友香理さんは頑固な職人気質の父親と、やはり他人様《ひと》に迷惑をかけることだけはするなと教える、生真面目な母親に育てられたこともあり、子どもの頃から地道な努力家だった。成績もそれなりに良く、教師からも気に入られる「良い子」だった。

慎治さんのようなタイプの人にあまり出会ったことがなかったため、友香理さんは幻惑されるように慎治さんに惹きつけられたが、知れば知るほど、現実的な不安が生まれるのは当然のことだった。

だが、妊娠という事態となったとき、真面目な友香理さんは、もう後戻りできないと感じ、もし慎治さんが結婚してくれないのなら死のうとまで思いつめた。

慎治さんは、子どもができたとわかると動揺し、浮足立ったが、ここで意外な展開となった。慎治さんの姉が乗り出してきて、弟を説き伏せてくれたのだ。口のうまい慎治さんも、この姉は苦手らしく、結婚を承服した。姉としては、身を固めさせた方が、弟も落ち着くと踏んだのだ。

しかし、慎治さんの性格は家庭をもったからといって、にわかに変わるものではなかった。確かに、慎治さんは生まれた息子のことは可愛がったし、友香理さんは結婚を機に、慎治さんに堅実な仕事に就いてほしいと望んだので、慎治さんもその気になって営業の仕事に就いたこともあった。が、口はうまいものの、ずぼらで無責任なところが出てしまい、三か月ともたずに辞めてしまうか、くびになった。結局、性の合う夜の仕事に戻ってしまう。それでも、生活費をきちんと入れてくれるのならいいのだが、給料が入ると片っ端から使ってしまい、まともに生活費を渡してもらえた試しがない。子どものミルク代にも困って、実家や嫁ぎ先の義母や義姉に泣きつき、お金を借りるということの繰り返しだった。

こんな状況ではやっていけないと、何度も離婚を考えたが、そのたびに義母や義姉が介入してきて、慎治に言い聞かせるからとか、生活費は援助してもいいからと、離婚を思いとどまらせた。

しかし、実情はあまり改善されず、慎治さんのふらふらした生活は、息子が小学校にあがるようになっても続いた。友香理さんは精神的にも不安定になり、父親は放っておけないと、ついに実家に連れ帰った。すったもんだの末に、二人は離婚することになったが、別に嫌いになって別れたわけでもなく、どちらも息子を可愛がっていたので、離婚してからも二人で会ったり、三人で会って、以前とさほど違わない生活を続けた。もともと慎治さんは、二、三日帰ってこなかったことも多かったので、ずっと帰りを待たされるよりは、週に一度デートするように会う方が、友香理さんもイライラしないで済んだ。

一緒に会うときは、慎治さんは楽しい父親で、息子からも慕われていた。定期的に生活費を援助してくれるわけではなかったが、金回りのいいときには、小遣いや生活費をくれたので、息子も満足し、友香理さんも臨時収入を喜んだ。

ただ、一か月くらい連絡が途絶えたり、約束が空手形に終わって、落胆させられることもしばしばだったが。

別れた後も、友香理さんは慎治さん以外の男性と交際をすることもなかった。慎治さんもどこで何をしているのか、詳しいことはわからなかったが、また、ふらりと、友香理さんと息子のところに戻ってくるのだった。

そんなどっちつかずの状態が続いて、息子は高校を出て就職。友香理さんは、最近認知症の症状が出ている父親の介護をしながら、慎治さんとは週に一、二回電話で話をし、月に一、二回会って食事をするという暮らしだ。

慎治さんは相変わらず、バーテンダーや看板持ちの仕事をしながら、自由気ままに暮らしているが、それが性に合っているようだ。

レッスン18　変わる家族の形

縛られることが嫌な慎治さんのようなタイプは、定職と定収入をもつ一家の大黒柱の役割を期待されると、窮屈で仕方がない。そんな慎治さんに、世間の常識的な夫や父親を求めようとしても、妻の方は当てが外れっぱなしで、苦しくなってしまう。

しかし、このケースのように、常識的な期待を捨て、ゆるいつながりだけで満足し、それ以上の束縛をやめると、一方には自由が与えられ、他方には期待外れからくる落胆を減らせるので、関係を維持することが可能になる。

このタイプの男性は、束縛され自由を奪われると、自分を束縛する存在から離れようとするが、自分の自由を許してくれる存在を、母親のように愛するという場合も多い。〝母親〟のそばにいつもいる必要はないが、安らぎを求めるときには、そこに帰っていきたくなる。友香理さんは、慎治さんにとって、求めるときだけ安らぎを提供してくれる「安全基地」だったのだろう。

今、このケースのように、ゆるいつながりで結びついた家族が増えている。

人間はこれまでプレーリーハタネズミ型のライフスタイルで暮らすことが多かったが、

近年、異変が起きているようだ。プレーリーハタネズミ型が主流だったライフスタイルが、サンガクハタネズミ型が主流になろうとしているようだ。多くの人が、一緒にいることに喜びや満足よりも苦痛や不愉快さを覚え、一人でいることを好むようになっている。大家族が大部分を占めていた戦前から、単独世帯が半分に迫っている今日の状況を考えると、その変化の方向は見まがいようもなく決定的だ。

その背景には、恐らく我々の脳内のオキシトシン受容体の分布の変化、つまり生物学的なレベルでの変化があると考えられる。たった数十年で、別の種になってしまうほどの変異が起きているのだ。

プレーリーハタネズミとサンガクハタネズミのライフスタイルの違いが、環境の違いと無縁でないように、人間に起きているサンガクハタネズミ化も、急激な環境変化に対する適応の結果だろう。それが後戻りできないところまで行き着くと「進化」と呼ばれるようになるのかもしれない。

気候が温暖で、餌がふんだんにある草原という環境で暮らすプレーリーハタネズミにとっては、大家族で、巨大な巣をつくって暮らすのが、外敵から身を守り、子育てするうえで有利だ。だが、気候も厳しく、一か所で手に入る食べ物には限りがある山岳地で暮らすサンガクハタネズミは、そのライフスタイルを捨て去らねばならなかった。

人間の場合にも、単独生活した方が有利となるような環境からの圧力が加わり、そうした変化が起きていると考えられる。その環境圧とは何か。そこには、大きく二つのプレッシャーが働いているだろう。一つは、経済的なプレッシャーだ。言い換えると、豊かさへの欲求だ。

経済的なプレッシャーは、人々の何を変えたのだろうか。お金によって得られる楽しみや快適さが増し、お金に依存する部分が非常に大きくなったため、人々は、お金を手に入れるための活動に多くの時間とエネルギーを割くようになるとともに、それ以外の営みを犠牲にするようになった。

犠牲となるのは、経済的な豊かさにはつながらないものということになる。その代表が、子育てだ。子どもをもてば、働くのが制限されるだけでなく、子育てには莫大な支出が伴う。支出したところで、親には見返りが期待できない時代だ。そうなると、子どもをもつことは、経済的な収支からいえば、支出を増やすだけで、収入増にはつながらず、赤字ということになる。道楽でやるのならいいが、見返りを期待したら、当てが外れることになる。

そういう経済原則がじわじわと働き、生物学的な本能をも切り崩してきたと考えられる。豊かになりたければ、避妊をして子どもを無計画につくるなというのは、近代化とともに掲げられてきた、一つのスローガンだった。それを突き詰めれば、子どもをつくるなということになる。同時に、子育ては、さまざまな方法で効率化、省力化されてきた。経済原則との折衷が図られたのだ。しかし、それは、子どもとの愛着を希薄にするという副産物を生んだ。

子育てと同様、家族や隣人、友人との交わりも、経済的にはメリットをもたらさないという理由で、次第に切り詰められてきた。目的のないおしゃべりや遊びに時間を使うことは、経済原則から言えば、無駄だからだ。

そうやって稼いだお金を、今度は使わなければならない。人々が多くの時間とエネルギーを割くようになったのは、消費行為だ。ただのんびりするといった過ごし方では満足せず、大きな消費を伴うことで得られる、高濃度の満足を求めるようになる。こうして、忙しくお金を稼ぐ合間に、消費のために、また密度濃く過ごすという時間の使い方が一般的になる。

お金を稼ぐことと、使うことが、人々の生活の中心になる。そして、それ以外のことには関心が低下していく。人々は二重にお金によって縛られていく。

もう一つの環境圧は、個人主義の浸透だ。個人の自由や権利を重視し、自己実現を人生の目的とする考え方が広まったのだ。そうした価値観やライフスタイルを邪魔するものとみなされたのが、家族であり結婚だ。どちらも、個人の自由を縛り、自己実現を阻む封建的な制度として目の敵《かたき》にされ、そうした制度から自由な生き方の模索も行われてきた。

だが、そもそもなぜ、個人主義という考え方が生まれ、広まったのか。今日の個人主義の源は、商業で栄えたオランダの都市に始まる。そこでは、早くから市民が富を蓄え、その力を背景に、宗教や王権の支配を脱して自治権を手に入れるようになった。つまり、個人主義をもたらしたのは、市民が豊かになったことによる。つまり、経済的な豊かさの追求と個人主義は、同一線上にあるものなのだ。

両者が結びついた、経済優先型個人主義は、今日の世界を支配する中心的な価値観を形作っている。そうした時代状況においては、プレーリーハタネズミ型のライフスタイルよりも、サンガクハタネズミ型の暮らしの方がマッチしやすいということになるだろう。

経済優先型個人主義の世界は、ある意味寒冷な山岳地帯のように厳しい環境だ。周囲はライバルや敵ばかりであり、ぬくもりや優しさを期待する甘っちょろい心を捨て去って、孤独に耐え、親密さなど必要としない石のような心を手に入れなければならない。

人々はそうした時代の要請に応えるように、他者への優しさや愛着を捨て去って、自分のことだけを考え、その瞬間を楽しめばそれでよい生き方を身につけようとしている。先のことを考えれば、一人で孤独に死ぬという未来が待っているだけだが、そこは今を楽しみ、目をつぶるしか仕方がないのだろう。

ただ、経済的な豊かさの追求と、個人主義の追求は、おおむね同一線上にあるが、まったく一致するわけではない。両者は本来、別々の価値観だ。お金に重きを置くか、自分の願望の実現に重きを置くか。つまり、人生の基準がお金なのか、自分なのかということには、決定的な違いがある。だが、その両者が限りなく近づいているのが現代の特徴だ。現代人にとって、経済的な裏付けのない成功は、絵に描いた餅となっている。かつては多くの人の中に豊かにあった、経済とは無縁な価値や営みは失われようとしている。それほど経済は、現代人において、その生活を隅々まで支配するものとなっている。

本来、経済的な豊かさの追求は、個人の自由や自己実現の追求を裏付けるものとして歓迎されてきたが、その支配は、個人の自由や自己実現の追求を助けるよりも、妨げている場合も少なくない。そもそも経済的な豊かさを成し遂げたところで、自由や自己実現を成し遂げるわけではないし、あまり幸福でもないという事態も起きている。

サンガクハタネズミ型のライフスタイルを受け入れ、その中でそれなりに幸福に生きる方法を模索すべきなのか。それとも、サンガクハタネズミ型の暮らしでは、我々は所詮、幸福になることができず、いま失われようとしているプレーリーハタネズミ型のライフスタイルを取り戻すべきなのか。

その点については、後の章で考えていくこととしよう。しかし、一つ間違いなく言えることは、その人に合ったライフスタイルは、人それぞれ異なるということだ。

第十九章　結婚を愛の墓場にしないためには

ケース19　自己実現と愛の欲求を両立させた女性

発展途上地域の部族の研究によると、大部分の子どもは、母親に対して安定した愛着を示す。ところが、現代社会では、三割から四割の子どもが不安定な愛着を示し、その割合はさらに増えつつある。大人でも同じ傾向がみられる。不安定な愛着スタイルをもつことは、近代化した社会の宿命のようであり、今日の社会状況を見る限り、その傾向はさらに加速しそうだ。

不安定型の愛着スタイルをもった人、言い換えるならば、一人のパートナーと安定した関係を保ちにくい人が、どうすれば、幸福で実り多い人生を歩むことができるか。これまで問題としてさえ認識されることがなかったが、このことは、いまや重要な問題として浮上しているのだ。

こうした問題は、男性側にありがちな問題とみなされることが多かったが、近年では、女性でも同じような傾向を抱えた人が増えている。

そうした傾向をもちながら、実に素直に自分に合ったライフスタイルを追求した「先駆者」ともいうべき女性に、ルー・サロメがいる（ドイツ語読みの発音はザロメ）。彼女の驚嘆すべき人生について知ることは、一人の男性では満たされない女性の心理構造を理解し、それに合った人生を獲得する方法を考えるうえで、大いに参考になると思われる。

なお、本書の記述の多くは、H・F・ペータースの優れた評伝『ルー・サロメ　愛と生涯』（土岐恒二訳　ちくま文庫）に基づいており、ルー自身の回想録や著書、ヴェルナー・ロスの評伝を参照した。


ルー・アンドレアス・サロメ、本名ルイーズ・フォン・サロメは、一八六一年二月、ロシアのペテルブルグで生まれた。父親はロシアの将軍グスタフ・フォン・サロメで御年五十七歳、十九歳年下の母親も三十八歳という年齢で、二人にとっては、思いがけずできた最後の子どもだった。

上には、息子ばかりが五人いた。母親はまた息子を望んでいたが、末子に初めて娘をもった将軍は、すっかり有頂天で、ルイーズ（ロシア語名は、ルイーザ。また、ルーは、ヨーロッパで暮らすようになってからの通称、以下ルー）を溺愛した。

母親は、幼くして両親を相次いで亡くし、祖母に育てられた女性で、その生き方は、その後、娘がたどることになる人生とは、まったく対照的なものだった。その違いを遺伝子で説明することは難しいだろう。むしろ、早く両親を失い、よるべない境遇を生き抜かねばならなかった母親と、親が年取って生まれた末子として、わがまま放題に育てられた娘という育ちの違いが、決定的に作用したと思われる。

当時の上流階級の習わしとして、ルーも母親ではなく主に乳母によって世話をされた。ルーはこの乳母にとても懐いていた。それに対して、肝心の母親との関係はあまり良くなかった。少し大きくなると、母親はこのわがまま娘の反抗的な態度や気ままぶりに手を焼くようになり、娘との間に微妙な緊張関係が生まれた。一方、父親は、常にルーの味方であり、外では高潔で、公正無私な人物として聞こえた将軍も、娘にはめろめろだった。

娘の方も、父親にぞっこんで、母親のことは面倒くさい存在としかみていなかったが、父親に対しては特別な尊敬と愛情を感じていた。父親に抱いてもらいたくて、仮病をつかうこともあった。理想化された、偉大で、強く、優しい父親を求め続けることは、ルーの生涯を支配する人生の縦糸となる。

五人の兄たちと暮らしたことも、末っ子のルーに影響しただろう。兄たちは、妹のわがままぶりに閉口しながらも、いつも大目に見て可愛がった。男たちに取り巻かれてちやほやされることも、男たちは、いつだって自分の甘えを許してくれるものだという認識も、当然のこととして彼女の中に植え付けられた。

子どもの頃のルーは、内向的で、空想好きな少女だった。規則の多い学校にはなじめず、もっぱら家庭教師から教育をうけた。パーティといった社交の場よりも、自分の空想に何時間も没頭して過ごすことを好んだ。後に作家として成功する基礎は、こうした日々のなかで培われた。ルーは西欧の進歩的な自由思想に触れ、結婚などに縛られるのはまっぴらごめんだと考えるようになっていた。

いつもルーの味方だった偉大な父親は、ルーが十七歳のときに病床に伏すようになる。ルーにとって、神のような存在だった父親の死が間近に迫ろうとしていた。それは、大きな危機だった。信仰の危機とも重なり、深刻な状況を生んだ。ルーは、神の存在を素朴に信じることができなくなっていたのだ。

そういうときに出会ったのが、ヘンドリク・ギロートという人物だった。ギロートは、オランダ出身の牧師だったが、科学と信仰は決して矛盾するものではなく、科学的な知の探究は、むしろ神の威光に近づくことだという説教で、知識人階級の支持を集めていた。しかも、ギロートは俳優のような演技力と男ぶりのよさをそなえ、情熱的な説教は聞く人を陶酔させ、ことに女性信者の人気をさらった。

ルーは、説教壇に立つギロートをひと目見た瞬間から、この人こそ、自分を救ってくれる存在だと確信し、ただちに行動を起こした。住所を突き止めると、個人的に会ってほしい旨をしたため手紙を送ったのだ。こうして二人の密会が始まった。ギロートは四十二歳、十七歳のルーより二十五歳年上で、妻との間には、十代の娘が二人いた。

最初は明らかに、ルーの方がギロートを一方的に求めていた。ギロートは、親切心からルーに個人講義という形でかかわり始める。ルーの明晰な知能と旺盛な吸収力に気づくと、彼女を教える喜びに夢中になった。

その間、父親の死という事態が現実となるが、その危機を、ギロートの支えによって乗り切ることができた。ルーは信仰の問題にも決着をつけ、教会から離れ、まったく新しい生き方を追求しようとする。

だが、そこで事態は急展開する。一途に自分を敬愛するルーに、ギロートの方が愛情を抱くようになったのだ。ある日、ギロートは、彼女を突然抱きすくめると、愛していると告白した。妻と別れて、結婚したいとまで言った。しかし、それはルーにとって幻滅でしかなかった。

あれほど熱中していたギロートに対して、ルーの気持ちは一気に冷めてしまう。ギロートの個人講義は終わりを告げ、ルーはチューリッヒに留学する道を選ぶ。

当時チューリッヒは、国際的に開かれた都市として、外国人の滞在も多く、大学にはすぐれた教授たちがいた。ルーの才気と美貌は、たちまち彼らの関心を惹いた。ルーの詩に感銘を覚えた一人の教授は、彼女を、マルビィーダ・フォン・マイゼンブークに紹介する。女権運動家としてすでに国際的な名声を得ていたマルビィーダは、ヨーロッパ中の新進芸術家や知識人たちと親交をもち、彼女を介して、音楽家のリヒャルト・ワーグナー、哲学者のフリードリッヒ・ニーチェ、パウル・レーらに出会うことになる。

彼女に会った誰もがたちまち魅了され、彼女を独占したいと願うようになったが、その願いは決して叶うことはなかった。不幸だったのは、自分に気があるのではないかと錯覚する男たちが多かったことだ。というのも、ルーは、優れた男性に会うと、深い敬愛の念をもって貪欲なまでに相手から学ぼうとしたからだ。どんな難解な概念も理解し、このうえなく知的で刺激的な会話を交わす妖精のような美しい女性に、並み居る男たちは幻惑された。

ニーチェもその一人だった。ルーも一時的にせよ、ニーチェの才能に惹きつけられた。やがて、ニーチェを舞い上がらせる出来事が起きる。友人らとともに、北部イタリアの湖水群のなかでも、とりわけ美しいオルタ湖畔を訪れていたとき、湖水に面した小高い山であるサクロ・モンテに登った二人は、絶景に酔って語り合ううちに親密な気分になっていた。そして、どちらからかはわからないが、キスを交わした。

ルーにしてみれば、それは一時的な気まぐれに過ぎなかったのかもしれないが、真面目なニーチェは、それを真剣な愛の告白と受け取ってしまった。実はこのとき、若き哲学者パウル・レーも同行していたが、レーもまたルーに恋い焦がれていた。この出来事の前から三人は意気投合していて、恋愛関係ではない親友でいようというルーの提案に賛成し、三人で同棲する計画を真面目に考えていた。

それゆえ、サクロ・モンテでの出来事は、かろうじて保たれていた三人の間の均衡を崩してしまう。危機感を覚えたレーは、ルーをニーチェから離そうと画策する。ルーを自宅に招き、そこに長期滞在させる。そのうちにルーの気分も変わって、むしろレーに親しみを覚えるようになる。焦ったニーチェが、早く会いたいと催促してくればくるほど、ニーチェの求愛が重荷になり、ルーの気持ちは離れていった。

ルーがレーを選んだのは、レーを愛しているからというよりも、思い通りに操れたからでもあった。二人は一緒に暮らすようになるが、同棲とは言っても、性的な関係は一切なしで、結婚はしないという条件付きだった。レーに兄のような保護者の役割だけを求めたのだ。

ルーを失ったニーチェの憔悴は激しかったが、その失意のどん底で生まれたのが、代表作『ツァラトゥストラかく語りき』だった。その完成後、間もなくニーチェは狂気の闇に沈み、二度と正気を取り戻すことはなかった。

一方、ルーとレーは兄と妹のように、その後五年間も奇妙な同棲を続けた。その間、ルーは最初の著書『神をめぐる闘い』を出版し、大成功を収める。それは、まさにルーの心理的な自分史だった。

ルーは、ロシアの実家から相当額の仕送りを受けており、加えて作家としても収入を得られる身となって、経済的にも自立していた。わが家にはレーという「お兄さん」が彼女の保護者として控えており、外では知的なサークルに出入りし、多くの取り巻きが、ルーに憧れの目を向け、ちやほやした。名だたる男たちが次々と言い寄ってきたが、ルーはつかの間の恋愛を楽しむと、あっさり袖にして、レーのもとに帰っていった。

だが、レーとの関係も終わりを迎えるときがくる。ルーが二十六歳のとき、一人の強力な求婚者が現れたのだ。名をフリードリッヒ・カール・アンドレアスといい、ジャワ島のバタビアで生まれ、スイスのジュネーブで教育を受けた、ペルシャ語やトルコ語に堪能な男だった。ルーと出会ったとき、アンドレアスは、ベルリンに設立されたばかりの東洋語研究所の教授となっていた。

アンドレアスは、これまで言い寄ってきたどの男よりも、強靭な意志と有無を言わさぬ迫力を備えていた。それは、ときには無鉄砲と言ってもいい、激しさとなって暴発し、ルーを圧倒した。ルーがこれまで相手にしてきた知的な紳士たちとは、毛色が違ったのだ。

あれほど結婚を嫌悪したルーが年貢を納めたのは、アンドレアスの命を張った行為によってだった。アンドレアスは、結婚に応じないのなら死ぬと、自分の胸に、本当に短剣を突き立てたのだ。だらだら血を流して倒れたアンドレアスを救おうと、ルーは医者を呼びに必死に走った。奇跡的に命拾いをしたものの、ひとつ間違っていれば、アンドレアスばかりか、ルーも破滅させられかねない行為だった。

ルーは、もう逃れられないと観念したように結婚に同意する。しかし、条件がついていた。レーとの関係はこれまでどおり認める。そして、もう一つ。セックスはなしで、子どももたない。

アンドレアスは、一緒に暮らしながら、妻を自分のものにできないという拷問のような状況に、その後四十年以上も耐え続けることになる。ときには、眠っている妻を無理やり犯そうとしたこともあった。だが、ルーは激しく抵抗し、夫の首を絞めて、その暴挙をついに断念させた。

それまでレーが占めていた地位が、アンドレアスのものとなっただけだった。猛々しいアンドレアスでさえ、ルーのもとにとどまりたければ、彼女を自分のものにすることは諦めねばならなかった。そして、その地位を追われたレーは、悲しげに微笑んだだけでルーのもとを去っていった。その後、レーは医学を学び、献身的な医師として貧しい人々の治療に従事するが、結局、自殺という形で人生に終止符を打つことになる。

ルーは、アンドレアスという夫をもちながら、自由に旅行や恋愛を楽しむという暮らしを続けた。ルーの不在の間、アンドレアスの身の回りの世話をしたのが、マリーという家政婦だったが、彼女は事実上の〝代理妻〟であり、アンドレアスとの間にできた子どもを二人産んでいる。ルーが、夫の〝浮気〟に動揺した気配はない。そうなることをむしろ望んでいたのか。夫婦の関係が性的な結びつきでないがゆえに、浮気に苦しむこともなかったのか。

マリーとの子どものうち、一人は早く亡くなったが、生き残った娘は、夫妻の実子のように一緒に暮らした。

三十を過ぎ、結婚していたが、ルーは処女のままだった。だが、ルーは蕾のまま枯れ落ちはしなかった。三十代も半ばになって、ようやくルーの中で女が目覚めることになる。ルーが処女を失った相手は、詩人のライナー・マリア・リルケだとされる。出会ったとき、リルケは二十二歳の若者だった。三十六歳のルーは、十四歳年下の若者の心を虜にするほど、魅力を保っていたのだ。ルーと恋仲になった他の男たちと同様、リルケはルーとの恋愛から豊饒なインスピレーションを受け、多くの詩を作ることになる。

リルケがルーに出した熱烈な手紙には、こんな一節がある。

「わたくしはあなたになりたい。わたくしはあなたを知らないような夢など見たくありませんし、あなたが同意なさらないようなことは望みません。あなたを称賛するのでなければ何もしたくないのです」(『ルー・サロメ　愛と生涯』)。

そこには、理想化された恋人に同一化したいというナルシスティックな願望が、率直に語られている。そうした愛の儚さを、ルーは知り尽くしていたが、女の喜びを教えてくれたリルケと離れがたい気持ちもあった。

ルーは、リルケにロシア語を教えるという名目のもと、自分たち夫婦の住まいの近くにリルケを住まわせ、行き来した。ロシア語を教えたのは、定職をもたないリルケが、将来、経済的に自立できるようにとの思いからだった。リルケは多くの詩を作るとともに、ロシア語も長足の進歩を見せた。最初の代表的詩集『時禱集』はルーに捧げられた。

一方、女として開花した今、ルーを不安がらせるのは、妊娠の恐怖だった。それに、リルケの傷つきやすく繊細すぎるところや情緒不安定で、支えが必要な点も、ルーには次第に重荷に感じられるようになる。男たちの支えを必要としても、自分を犠牲にしてまで、男たちの支えになる気はなかったのだ。

彼らは、ルーの故国ロシアに二度旅行しているが、二度目は二人だけだった。それは感動的な旅だった。二人にとって別離の旅となる。ルーは、最初から、その旅で終わりにしようと心に決めていたようだ。旅が終局を迎える頃、ルーはリルケと別の床で眠り、二人の関係は、予定通りに終わった。いったん離れだしたルーの気持ちを取り戻すことは、誰にもできなかった。

リルケは傷心を癒すように、あまり好きでもなかった他の女性と結婚した。ルーはその結婚に反対したが、リルケは腹いせのように意地を通した。だが、ルーの警告通り、その結婚はすぐに失敗に終わった。

結局、リルケは生涯ルーを忘れることができなかった。ルーは、彼にとって母であり恋人であり続けた。窮地に陥ると、相談の手紙を出すのは、ルーにだった。別離から二十五年後、結核を病み、サナトリウムで死の床にあっても、リルケはうわごとのようにルーの名を口にしていたという。

失意のリルケとは対照的に、ルーは幸福だった。父親やギロートの呪縛を乗り越え、いまや一人の成熟した女として生きていることを実感していた。リルケと別れることも含めて、ルーは完全に自分の人生をコントロールしていた。子どもを産むというワナにかかることなく、自由を守り通せたことに満足していた。

ルーは、四十代に入ろうとしていたが、まだ二十歳の娘のような若々しさと輝きを放っていた。華奢で、すらりと背丈があり、プロポーション抜群の肉体には、年齢とともに女らしい柔らかさが加わって、いっそう魅力を増していた。その若さと美しさの源泉は、新しい出会いと恋にあった。それは、決して実を結ばない恋愛でなければならなかった。リルケと別れた後も、ルーには、いつも愛人がいた。一緒に旅をしたり、スイスやウィーンでの滞在を楽しむお相手がいた。

そんな気ままな暮らしを楽しむルーのもとに、衝撃的な知らせがもたらされる。かつて同棲していたパウル・レーが自殺したというのだ。しかも、亡くなった現場は、いつも二人が夏を過ごしていた避暑地の村で、その断崖からレーは身を投げたのだ。

別れてから十四年という歳月が流れていたが、その間レーはずっと独身で、ルーの面影を追い続けていた。その事実に直面して、思いのままに生きてきたルーも、強い罪の意識と悔恨にとらわれた。自分が、レーを殺してしまったのではないのか。なぜ、自分はレーを捨てたのだろうか。

そんなふうに考えると、自分の人生が呪いでもかけられたもののように思えてくる。愛した男たちを、結局のところ不幸にし、破滅させてしまうという呪いに。

ルーは落ち込み、寝込んでしまう。しかも、もともと弱かった体の調子も悪化し、失神して倒れるということが頻発するようになる。

そうした窮地にあって、ルーが助けを求めたのは、ウィーン大学の医師であったフリードリヒ・ピレネースだ。ピレネースは名門のユダヤ人家庭出身の魅力的な男性で、リルケと付き合うよりも前から、ときどき旅行を共にする間柄だった。ルーより七歳若く、出会ったときは二十七歳だったが、いまやピレネースも、三十三歳の男盛りだった。その間、結婚しなかったのは、ルーを思い続けていたためだ。

ルーを診察したピレネースは、神経疲労によるものだと診断し、田舎でゆっくり静養することを勧めた。次の年の夏、二人はチロルやケルンテン州（オーストリア）に滞在し、雄大な山容を眺めながら、ハイキングや自然を楽しんだ。ルーの健康はみるみる回復した。成熟した女となっていたルーは、もはや頑なに体を閉ざすことはなかった。ピレネースの愛に応えたのだ。ルーは、生まれて初めて、心からの安心と愛情の歓びに包まれた。そして、妊娠した。

その事態さえ、ルーは幸福な気分で受け止めていた。自分も母親になるということ、子どもをもつということに、思ってもみなかった喜びを感じていた。ピレネースは、静かな田舎の村にある妹の邸にルーを連れていき、そこで出産させようとした。妹は以前からルーとも友達で、心から妊娠を喜んでくれた。

しかし、口には出さないものの、ルーの心の中には心配もあった。ルーは夫がいる身であり、この事態を知れば、アンドレアスが何をしでかすか予想がつかなかった。それに、この年で子どもをもつことに不安もあった。ルーは四十一歳となっていた。体もあまり丈夫とは言えないうえに、母親となれば、さまざまな制約が生まれることは避けられなかった。これまでしてきたような自由で気ままな暮らしは終わるだろう。

そんなとき、ルーをさらに不安にさせる出来事が起きる。ピレネースの母親が事態を知り、怒りを爆発させたのだ。前途有望な息子をかどわかし、不義の子を産むということだけでも許しがたかったが、自分の娘（ピレネースの妹）までも、そこに加担させようとしていることに、堪忍袋の緒が切れてしまったのだ。おまけに、自殺したレーの話を耳にし、息子も同じ目に遭わされるのではないかと、怒りはとどまるところを知らなかった。母親は、一週間以内に娘の邸から退去しなければ許さないと息巻いた。

ルーはもちろん、味方から背後を襲われた格好のピレネースも、さすがに狼狽する。何とか事態を打開するためには、ルーの夫アンドレアスを説得して、離婚を取り付けるしかないと思い決めたピレネースは、ドイツにいるアンドレアスのもとに向かった。ルーには何も告げずに。そのことが、結局、事態を取り返しのつかない方向に向かわせる。

すぐさま事情を察したルーは、恐怖に戦《おのの》いた。そんなことをすれば、ピレネースは、アンドレアスに殺されてしまうと思ったのだ。ピレネースを守り、事態を収めるために、ルーは究極の解決策を講じる。非合法の堕胎手術を受け、中絶した(とされる)。もちろん、ピレネースには言わずに。

その悲しい結末を知ったのは、ピレネースが、アンドレアスに会う間際だった。ルーの決断はピレネースを守ったが、同時に、アンドレアスという呪縛から逃れられないことを、二人に思い知らせることになった。

ピレネースは、相談もなく行われた事態を嘆きながらも、内心ではほっとした面もあったのではないか。ルーも、母親になるというワナにかかりそうになった自分を、間一髪救い出して、安堵した思いがあったに違いない。後年、精神分析にたずさわるようになったとき、ルーは、この事件について、母親になりたくない気持ちがあったことを打ち明けている。

ルーほど強い意志をもち、思いのままに生きた女性ならば、不義の子を産むことなど大した障害ではなかったはずだ。やはり彼女自身が、心のどこかで望まなかったから、中絶したとみるのが真相に近い気がする。

アンドレアスとの関係にしてもだ。ルーほどの女が本気でそうしたいと思えば、夫と別れられないはずはない。夫は、家政婦に子どもを産ませるという〝裏切り〟まで働いているのだ。その点をやり玉に挙げれば、アンドレアスとて、ぐうの音《ね》も出ないだろう。

だが、ルーはそうしなかった。アンドレアスを夫の地位にとどめておくことを選んだのだ。その方が、自分の自由を確保するのに都合がよかったのか。保護者としてのアンドレアスに捨てがたい未練があったのか。

未練などに煩わされることがないのが、ルーという女性の最大の特徴だということを考えると、好都合だったのだという結論になる。アンドレアスの存在は、自由を保障してくれるだけでない。今回のような事態になったとき、他の男や子どもに縛られてしまうことから、自分を守ってもくれるのだ。アンドレアスはルーにとって、自由を守る二重の防壁として機能していたのだ。

この出来事の翌年、アンドレアスは、ゲッティンゲン大学の東洋語科教授に迎えられ、夫妻はゲッティンゲンの街を見下ろす高台に建つ邸に引っ越した。それまで、ずっとアパート暮らしだったので、ルーもアンドレアスも、初めてわが家というものを手に入れた。そして、二人とも、この邸を終《つい》の棲家にすることとなる。ルーは二階の二間続きの書斎と寝室を占有し、アンドレアスと家政婦のマリーとその子どもが一階で暮らした。

ピレネースとの関係も相変わらず続いていた。ルーは始終ヨーロッパ中を旅したが、その際、ピレネースが同行することもあったし、同行しないときも、ウィーンを通過するときは、必ず荷物をピレネースのアパートに送り付け、セカンドハウスのようにそこに滞在した。ルーの幸福そうな様子とは裏腹に、ピレネースは、ルーの愛人という役柄に次第に疲れ始めていた。彼がいくらルーを妻にと望んでも、ルーにその気がないことはいっそう明らかとなったのだ。ピレネースはついにルーとの関係を断ち切る決心をする。ルーの荷物が送られてきたとき、ピレネースは、その荷物をホテルに送り返したのだ。

その後、ピレネースは、ウィーンを代表する優れた医師として活躍した。いくらでも結婚の機会はあったが、結局、誰とも結婚しないまま、生涯を終えることになる。ルーとは対照的に、ピレネースは、ルーへの未練を引きずり続けたのだ。その点は、ルーを愛した他の男たちと同じだったと言えるだろう。

ピレネースとの関係が終わった頃、ルーは新たな出会いをもつ。相手はスウェーデンの精神分析家で、ポウル・ビエレという十五歳年下の男性だった。ルーは五十歳になろうとしていたが、その魅力は一向に衰えず、ひと目でビエレの心をとらえてしまった。ビエレは、こう回想している。

「彼女は自分が愛する男のこころに、完全に入りこむ才能をもっていた。彼女のものすごい集中力は、いわば相手の男の知性の火をあおりたてた。わたしは自分の長い生涯において、ルーほどすばやく、見事に、完全にわたしを理解してくれた人にはほかに出会ったことがない」(同書)。

これは、高名な精神分析家となった男が、晩年に語った言葉だ。

二人は熱烈に愛し合う関係となる。この頃のルーは、まるで若い頃の禁欲を取り戻すかのように、荒々しいほどの激しさで性の歓びを貪った。もはや年齢的にも、子どもを身ごもることはなかったが、それはルーに諦めよりむしろ、生物学的な束縛からの解放と底なしの性的飢餓感を生んだようだ。

ビエレのものと思われる元愛人の言葉が、ルーとの交情の激しさを伝えている。

「彼女の抱擁には、自然力のというか原初的というか、なにか恐ろしいものがあった。きらきら光る青い目でみつめながら、〝精液を受け取ることはわたしにとって恍惚の絶頂です〟というのである。そしてそれを飽くことを知らず求めた。愛しているときの彼女はまったく無情だった」(同書)。

ビエレが結婚して妻がいることも、その妻が病気で、ビエレが不実を働かないと誓ったことも、ルーは歯牙《しが》にもかけず、笑い飛ばした。道徳の力で、潮の満ち引きを止められますか、とルーは逆にねじ込んだ。愛は潮の満ち引きのように自然で、止めようのないものだというのだ。

ビエレは、あるとき、ルーから自殺したレーの話を聞いて、衝撃を受けた。その衝撃は、ルーがあまりにも平然と、その悲しい秘密を語る口調からも来ていた。ビエレは、彼女についてこんなことを語っている。

「〝あなたはなにも良心のうずきを感じていないのか？〟とわたしは彼女に訊ねた。しかし彼女はただ笑って、良心なんて弱さのあらわれだと言った」（同書）。

そうした強がりも、ルーの防衛によるものだったかもしれないが、あまりにも多くの別れを経験する中で、もともと希薄だった愛着がさらに脱愛着を進行させていたのかもしれない。

だが、ルーから見れば、ビエレは自由を奪われた、憐れな男だった。彼が病身の妻に忠実であろうとしたことや、自分の不実に苦しんでいることさえ、彼の精神が自由を欠き、固定観念や自責の念でがんじがらめになっている証拠に思えたのだ。

ビエレは、精神分析を学びたいというルーに、フロイトを紹介した。だが、それが二人の関係を終わらせることになる。ルーは、そこで知的なだけでなく、性愛的にも刺激に満ちた男たちに出会うことになったからだ。

二年間の付き合いの末に、ルーはビエレを捨てて、今ではビエレと対立していたフロイトのもとに走った。それでもビエレは、ルーを憎みきれなかった。

「（前略）彼女はわたしをひどく傷つけたが、同時に多くのものを与えてくれた。（中略）

彼女は触媒のようにわたしの思考過程を活発にしてくれた。生活や結婚を破壊するかも知れないが、彼女の存在は刺戟になった。（中略）わたしは彼女の前で成長した」（同書）。

ルーがフロイトに会ったとき、フロイトは五十六歳で、その創始者として精神分析の世界の頂点にいたが、その地位は、協力者や愛弟子の離反によって、危機の時期を迎えていた。ルーは、ヨーロッパでもっとも名の知られた女性作家の一人であり、ニーチェの恋人だった女性としても有名だった。彼女は、精神分析を救う、希望のタレントとして、フロイトからも取り巻きからも歓迎された。謹厳実直なフロイトも、ルーの魅力には多少心惹かれるものがあったようだ。

当初、ルーはフロイトと袂を分かったアドラーと二股をかけて、両方のセミナーに参加していたが、アドラーの劣等コンプレックスの理論を飽き足らなく思ったルーは、アドラーの方を切り、フロイトを選んだ。彼女にとっては、無意識のリビドー（性愛的なエネルギー）が意識の世界を動かしているというフロイトの理論の方が、よほど納得がいったのだ。ルーは、フロイトの支援者として、また自らも精神分析家として、大いに活躍することとなる。

実際、ルーは、フロイトを除けば、他の誰よりも優れた精神分析家だった。それは当然のことだろう。彼女の眼には、世間の常識や義務の縛りや先入観に邪魔されず、心の底にある欲望や葛藤が、手に取るように見えたから。生まれてから五十年、彼女は精神分析家となるために、訓練を積んできたようなものだった。

だが、ルーを熱中させたのは、精神分析ばかりではなかった。何人もの男たちが、ルーの愛を勝ちとろうと、あるいはおこぼれにでもあずかろうと、水面下でつばぜり合いを繰り広げた。その結果、ルーの寵愛を手に入れることができたのは、ヴィクトール・タウスクだった。

タウスクは、三十五歳の長身でハンサムなクロアチア人で、端正な甘いマスクに、どこか不幸な影を漂わせていた。実際、タウスクは苦労人で、法律を学んで判事にまでなったものの、とある不祥事によりエリートコースから脱落。生活のため、ベルリンとウィーンでジャーナリストとして働いているうちに精神分析に出会い、精神分析家になるべく、教育分析を受けているところだった。二児の父親だったが、妻との結婚は、無残なくびきに変わっていた。

そんなタウスクの前に、魔法の杖を持った妖婦が舞い降りたのだ。タウスクは、生まれて初めて自分のすべてを理解してくれる女性に出会い、想像を超えた精神と肉体の合一の歓びに打ち震えた。

だが、ルーの愛は、所詮、期限付きだった。半年の予定滞在期間が終わると、夫の待つゲッティンゲンに帰ると言い渡したのだ。タウスクは、天に舞い上がったところから、いきなり地上に叩き落とされた気分だっただろう。タウスクが、ルーを、「一妻多夫」だとなじると、ルーは、これは不実ではなく、自分自身のもとに帰るだけだと反論した。

ルーが去った後、タウスクは傷心を忘れるように学業に打ち込んだ。そして神経科医となったところで、第一次世界大戦が勃発した。彼は野戦病院の主任医師として働いたが、悲惨な戦争体験は彼の憂鬱をいっそう深めてしまった。戦後、再び医師として働き、別の女性と婚約までした（前妻とはすでに離婚）。ところが、結婚の一週間前、自ら命を絶ってしまった。しかも、その死にざまは、自らの性器を切り取るという異常なものだった。

ルーとの恋愛に敗れたことにばかり、自殺の原因を求めることは、公平ではないだろう。だが、ルーと愛し合った男たちの多くが、誰も見たことのないような天国を見た後で、深い絶望の地獄を見てしまうのは、単なる偶然だろうか。

それからの残りの人生を、ルーは精神分析家として生きた。ルーは優れた分析家で、多くの患者の人生を絶望から救い、新たな生きる指針を見出す手伝いをした。

彼女の分析を受けた医師の一人はこう語っている。

「彼女はじつにもの静かな話し方をする人で、相手を励まして信頼させることがじつに上手だった。わたしは今日でも、あのころ彼女にどれほど話をしたか驚くほどである。しかしわたしはいつも、彼女がただ単になんでもわかってくれるだけではなく、なんでも赦してくれると感じていた。彼女と経験したようななごやかなやさしい感情、なんなら同情と言ってもいいが、そういう気持を経験したことは二度とない」（同書）。

そこで患者たちが経験したものは、おそらく、通常の精神分析の域を超えた呪縛からの解放だったに違いない。

ルーが仲違いすることなく、最後まで良好な関係を維持した男性と言えば、夫のアンドレアスとフロイトだったことは、注目すべきだろう。アンドレアスとは四十年余にわたり、フロイトとも二十年にわたる交友を保ち続け、最後には、誰よりも信頼できる相談相手とさえなっていた。そのどちらとも、性的関係をもたなかったことに一つのカギがあるに違いない。

フロイトとルーが最後に会ったのは、ルーが六十七歳のときで、フロイトは七十代に入っていた。ベルリンの秋は、紅葉で輝かしく彩られていた。二人は公園のベンチで思い出話に夢中になり、時がたつのを忘れた。ルーがフロイトをことさら敬愛したのは、性に重きを置いた彼の理論が逆風にさらされるなか、批判に孤独に立ち向かっていく姿に心を打たれていたからだ。フロイトの生きざまに、あらゆる呪縛と戦ってきたルー自身の生き方を、そして、誰よりも愛した偉大な父の姿を重ねていたのだろう。感極まって泣き崩れたルーを、フロイトはその胸に抱きとめた。

それから間もなく、ルーは乳ガンと診断され、乳房を切除する大手術を受ける。そのとき、寄り添ってくれたのは、夫アンドレアスだった。穏やかな時間が、二人の間に過ぎた。それは、もっとも夫婦らしい時間だったと言えるかもしれない。だが、そんな平穏な日々もつかの間、アンドレアスは、役目を終えたように先に急逝してしまう。

一人残されたルーは、身の回りの世話を、アンドレアスとマリーとの間にできた娘とその夫に頼るしかなかった。彼ら夫婦が、いまや一階に暮らしていた。

だが、その娘との間に、親密な結びつきがあったわけではなかった。身の回りの世話をしてくれても、心までは満たしてもらえなかった。やはりルーには、知的な会話が交わせる人たちとのかかわりが必要だった。

ルーの晩年に寄り添ったのは二人の男性で、どちらもルーとの語らいに救いを見出し、定期的に彼女のもとを訪れるようになっていた。一人は、その後、ゲッティンゲン大学哲学科教授となったヨーゼフ・ケーニッヒ、もう一人は、人生に行き詰まり、ルーの分析を受けにやってきた、エルンスト・プファイファーという四十代初めの男性だった。

七十代も半ばに近づこうとしていたルーは、体力的にも衰えが目立ち始めていたが、頭は相変わらず明晰で、その会話は、彼らを魅了した。ことにプファイファーは、ルーに救われたと感じ、深い愛情を彼女に対して抱くようになっていた。当時、ドイツではナチスが台頭し、彼女自身ロシア人でもあり、またユダヤ人であるフロイトの熱烈な支持者だったことから、ルーの立場は、非常に危ういものとなっていた。

だが、ルーは、その邸から動くつもりはなかった。ただ気がかりは、彼女が保管していた多くの貴重な書簡や原稿だった。そのなかには、リルケやニーチェ、フロイトとの重要な書簡も含まれていた。それらをルーは、プファイファーにすべて委ねることにする。彼ならきっと彼女の思い出とともに、それらの書簡も大切に保管してくれると信じたのだ。

そして、ルーは正しかった。プファイファーは、忠実にその役割を果たした。

ルーの死の数日後、ゲシュタポが乗り込んできて、書斎にあった本をすべて押収したことを考えると、死の床にあっても、ルーは極めて冷静に事態を判断したと言えるだろう。

ハノーバーの火葬場まで、ルーの遺骸に付き添ったのは、ケーニッヒとプファイファーの二人だけだった。二人も、と言うべきだろうか。ルーは、遺灰を自宅の庭に撒いてほしいと希望していたが、それは法律に反するということで叶わなかった。だが、それ以外は、すべて彼女の思い描いた通りの人生だったのだろうか。

レッスン19　自己愛に生きるのも一つの人生

ルー・サロメの人生は、ある意味、現代を先取りした生き方だったと言えるだろう。彼女が生き方の指針とした、自らを偽らず、自分の思いに忠実に生きることは、現代ではスタンダードな価値観となりつつある。だが、同時に、彼女の周囲の人々が味わった切なさや失望や怒りも、現代人が絶えず身近で味わうものだ。

彼女はその前半生において、ある意味、性を乗り越えようとし、性を忌避して暮らした。

性的な関係をもたないことで、永遠に変わらぬ、父親や兄のような愛を得ようとしたのだ。そこには、偉大な父親の存在が、深くかかわっているだろう。

多くの男たちとの刺激的な交友や会話を必要としたが、それは、彼女にとって、まさにセックスの代用品だった。その先がない、あざとい会話や恋愛ごっこは、生殺しにされた男たちをいっそう狂わせることとなった。

性の忌避が限界を迎えたとき、事態は逆転し、貪欲なまでの性愛の追求が始まった。三十代半ば以降の奔放な男性遍歴は、彼女が一つの呪縛を克服したことを意味する。しかし、火がついた性の飢餓感は、何人もの男をもってしても、容易に癒すことはできなかった。満たされるべき時期を逸したとも言える。満たされるべきときに満たされなかった欲求は、半永久的な執着となって、その人に取りつき続けるからだ。

彼女を特徴づけるもう一つの点は、愛着が未熟な発達しか遂げていなかったということだ。そのことは、親密になった男たちさえ、ほとんど何の未練も呵責もなく、次々と捨てていったことに顕著に表れているし、子どもをもつことを、最終的に拒否したことにも示されていると言えるだろう。

希薄な愛着は、現代に広がっている回避型愛着スタイルの特徴によく一致する。彼女が、最初、性的な関係というもっとも親密な関係を避け続けたことも、結婚という制約からも逃れ続けようとしたことも、今日では、よくみられる特性にすぎない。中年になって性的に開花し、旺盛な性的活動をするようになっても、同じパートナーとの関係を好まないというスタイルも、回避型に特徴的なものだ。彼らは、自分自身のもとに帰りたくなるのだ。ルーは、セックスの高みにおいて、アンビバレントな二つの感情にとらわれることを指摘している。第一は、愛する存在と合体し、一つになろうとする渇望だ。だが、同時に、それは、自分自身の存在を実感する瞬間でもあるという。なぜなら、一つになるためには、自己を捨て去らねばならないが、そうすることは、結局のところ不可能だからだ。

こうしたセックスに対する見方にも、ルー・サロメという女性の不幸が示されているように思える。セックスの絶頂においてさえ、ルーは、自分を失うことができなかったのだ。どこか冷静な自分が、醒めた眼を向けていた。

ルーとの恋愛を経験した男たちも、ルーが、ある瞬間には情熱的だが、とても冷めた面をもっていたことを異口同音に述べ、その情熱さえ「冷たい情熱」と呼んだ。自身、精神分析家であるビエレは、こう述べている。

「（前略）彼女は、もっとも情熱的な抱擁のさなかにおいてさえも（そういうとき彼女は決して冷たくはなかったのだが）完全に自分を投げ出すことはできなかった（後略）」と（同書）。

自分を投げ出すことの恐れも、回避型の人に特徴的な傾向だ。回避型の女性は、我を忘れることができないため、オーガニズムを味わいにくいとも言われている。充足されない欲求は、ときに過剰なまでの耽溺を生む。だが、そこには虚しさが付きまとう。

ルーは幸福だったのか。少なくとも彼女は、どんなときも絶望することなく、前向きに生きた。フロイトは、彼女の楽天的なところを最初から感じ、精神分析家にはふさわしくない特性だと思ったようだが、後には彼女が優れた精神療法家であることを、進んで認めるようになった。

ルーは自分の人生に満足していた。ロシア革命により実家が失われ、兄弟が悲惨な目に遭うという苦難のなかでも、ドイツの敗戦によるハイパーインフレで、生活苦が襲ってきたときも、彼女は絶望することなく、生き生きとした精神を失わなかった。それは、彼女が幸福だったことを示していないだろうか。神を捨て、子をもつことを拒み、自己の追求に生きた女性の、一つの極限の姿のように思える。

それは、新しい幸福の姿であり、現代人が求めようとしている幸福なのかもしれない。それは、子や孫に取り巻かれて、年老いていくことに安らぎを見出すような生き方ではない。

彼女自身認めているように、性愛は本質において永続性をもたず、反復に倦《う》むとエネルギーを失い、それを取り戻すためには新奇な変化を必要とする。これは、彼女がフロイトに出会う少し前に公刊した著書『エロティーク』で展開した議論だ。

それゆえ、愛は悲劇的な本性をもち、満たされても死ぬし、満たされなくても死ぬという理不尽な宿命を抱えている。ならば、愛など無意味な徒労でしかないのだろうか。ルーの議論の特筆すべき点は、そのぶっ飛んだ結論だ。ルーは、夫婦が幸福な関係となるためには、互いが定期的に、魅力的な愛人と性的にリフレッシュすることを認めるべきだと論じたのだ。自らが実践していたことを、自著で勧めたわけだ。ときは一九一〇年、今から百年以上も前のことだ。

今日、不倫をしている人は五百万人とも言われる。生殖年齢のかなりの割合の人たちが、ルーの生き方に倣い始めていると言えるかもしれない。

ルーのパーソナリティは、精神医学的にいえば、自己愛性パーソナリティと回避性パーソナリティが重なったものと言えるだろう。それはまた、現代人にも広く見られるパーソナリティの特性でもある。

奇《く》しくも、ルーが精神分析の発展において貢献したとされる点は、自己愛（ナルシシズム）についての理解を深めたことだと、フロイト自身が述べている。ナルシシズムには、いわゆる自己愛とともに、自己滅却の側面があるというのが、ルーの発見だった。つまり限りない奉仕や犠牲もまた、自己愛の所産だというのだ。ルーの行動の仕方にも、この二つの側面があると感じた人は多かった。彼女は、極めて身勝手に行動することもあったが、やたらと寛大で、相手に優しくすることを厭わないときもあった。女王のように傲慢なときと、自分をやすやすと投げ出すときがあった。強欲な面と、赤ん坊のように無欲な面を兼ね備えていた。

ルーのオプティミズムの根源は、父親や兄たちから溺愛されたことにあった。だから、彼女はいつまでも男たちからちやほやされ、賞賛され、甘やかされることが必要だった。それさえあれば、彼女は楽天的でいられた。男性たちの愛情と関心は、彼女の生きる糧だったのだろう。

ルーの人生は、自己愛に生きることを全うした、一人の女性のみごとな生涯だと言える。


不安定な愛着スタイルをもつ女性が、愛情の欲求も自己実現の欲求も諦めることなく、両方を手に入れることをやり遂げたのだ。夫と愛人の両方をもったというだけではない。彼女は、戦前においては、ヨーロッパでもっとも有名な女性作家として、一流の精神分析家として大きな足跡を残した。

ルーが実現した家族の形は、夫と妻からなる家庭という形は維持しつつ、夫と妻は、性的な結びつきを放棄し、その充足は、夫婦関係以外のところに求めるというあり方だった。

このスタイルでは、夫婦や家は、安息のための居場所や心の拠りどころとして、また、子どもの育ちの場として確保されるが、恋愛や性愛の場ではない。他に愛人をもち、ときどきリフレッシュに出かけていく。

この形態は、父系社会の伝統を尊重したもので、夫がいる家が家庭なのだ。それゆえ、恋人と遊び疲れたら、夫が待つ家に戻っていく。自由な生き方を求めながらも、父系社会の名残を強く残していた。

その意味で、ルーが行き着いた愛の形は、夫婦や結婚という形式を乗り越えようとしつつも、形骸化した夫婦の形に縛られたもので、移行途上の産物なのかもしれない。

第二十章　新しい家族の形

ケース20　離婚して本当の幸せを手に入れた女性

広告代理店で働いていた遥佳《はるか》さんが達哉《たつや》さんに出会ったのは、遥佳さんが二十七歳のときで、達哉さんは三つ年上の三十歳だった。達哉さんは、取引先の大手自動車メーカーの社員だったが、美人なうえに、よく気がつき、しかもてきぱきと仕事をこなす遥佳さんに、たちまち惹かれた。一方、遥佳さんは、妻子ある男性との関係に深く傷つき、別れたばかりで、誰かにすがらないと、自分を支えられない状態だった。

食事の誘いに応じたのも、それほどタイプでないのに身を任せたのも、誰かのそばにいないと、寂しくて、自分を保てなかったからだ。その相手は別に、達哉さんでなくてもよかったのかもしれない。

ただ、身も心も疲れていた遥佳さんは、一流企業のエリート社員である達哉さんの安定感や誠実そうなところに、安らぎを覚えた。それでも、予期しなかったことが起こらなければ、結婚していたかどうかはわからない。もう少しお互いを知り、違う選択をしていたかもしれない。だが、事態は待ってくれなかった。付き合い始めてすぐ、妊娠してしまったのだ。中絶は絶対厭だった。そのことを告げると、達哉さんが、「一緒になろう」と言ってくれた。そのときは、うれしかった。これでやっと、落ち着いた暮らしができると思った。

実際、この十年ほど、遥佳さんは嵐のような恋愛に、揺れ動く日々を送ってきた。最初は、まだ高校生のとき、相手は二十歳も年上の妻子ある男性だった。今から振り返れば、理想の父親を求めていたのだと思う。

遥佳さんの父親は、愛人をつくって、滅多に家に帰ってこなかった。母親はそのことから精神的に不安定で、アルコールに依存していた。母親から毎晩のように「離婚したいけどできないのは、あなたのせい」と言われた。遥佳さんは、母親を苦しめる父親を憎み、自分が母親を幸せにしてあげると心に誓いながら、一方で、夫にすがらないと生きていけない母親のようにはなりたくないと思った。「結婚なんかしなければいいのに」という思いと、「私こそは幸福な結婚をしてみせる」という思いが、いつも同居していた。内心では、人一倍、温かい家庭にあこがれていたのだ。

最初の男性は、遥佳さんにとって、求めていた理想の父親と言っていい存在だった。現実の父親が与えてくれなかった優しさや生きていくうえでの知恵を、代わりに教えてくれた。その男性と別れたのも、嫌いになったからではなかった。男性の娘から父親を奪っていることに、激しい罪悪感を覚えたからだった。遥佳さんは、自分から終わりにすることを決心し、彼のもとから去ったのだ。身を裂かれるような苦しさに耐えながら。

体は別れても、心はつながれたままだったのかもしれない。その後も、繰り返し好きになるのは、同じような年恰好の男性ばかりだった。達哉さんと出会う間際まで付き合っていたのも、ずっと年上の妻子ある男性だった。遥佳さんは妊娠し、不本意な中絶という心の痛手を負った。

だから今度こそは、子どもを安心して産める家庭をもちたいと思っていた。その点、達哉さんは、伴侶としてふさわしいように思えた。

確かに、倍も年の違う妻子持ちの男よりは、ふさわしかっただろう。だが、達哉さんも、上辺《うわべ》からでは推し量れない問題を抱えていた。一か月の交際では、そのことに気づきようもなく、思いがけない妊娠で始まった結婚は、〝事故〟のようなものだった。

夫婦のすれ違いは、結婚直後からあった。優しく、穏やかに見えた達哉さんだったが、不機嫌になると、全く別人のように冷たく、頑固で、感情的になった。不機嫌になるきっかけは、予定や期待通りにならなかったときが多かった。

結婚当初は、遥佳さんも仕事を続けていた。広告代理店の仕事は激務だった。夫より帰りが遅くなったり、休日も急な出勤で、予定していた外出や外食をキャンセルしなければならないこともあった。悪阻《つわり》も始まって、寝込んでしまう日もあった。

疲れておなかをすかせて帰ってきて、まだ夕食の用意が何もできていなかったり、せっかくの外食の席でケータイが鳴って、顧客との対応に長電話をしたりすると、達哉さんは黙り込み始める。それが不機嫌の兆候だ。

遥佳さんが、慌てて機嫌をとろうとすると、今度は、辛辣な言葉でチクチク責め始める。遥佳さんが平謝りに謝って、達哉さんの言い分に合わせれば、機嫌を直すこともあるが、遥佳さんも疲れていたり、イライラしていたりして、我慢できないときもあった。

遥佳さんも怠けているわけではなかった。身重の体で、仕事も家のことも精一杯やっていた。それなのに、どうして文句を言われなければならないのか。達哉さんが仕事で遅くなったり、休日出勤するときは、遥佳さんは労をねぎらい、我慢していた。だが、遥佳さんが仕事でくたくたになっていても、達哉さんは洗い物一つしてくれるわけではなかった。すぐに食事ができないことや、掃除が行き届いていないことに不満だけを言う。堪《たま》りかねて、遥佳さんが反論したりすれば、ケンカになってしまう。

達哉さんは、見かけの温厚そうな様子とは違って、キレると激高するところがあった。相手の反論を絶対受け入れず、自分の非が明らかでも、逆ギレし、独りよがりな論法を並べた。言葉で間に合わなくなると、手を振り上げることさえあった。

そんな達哉さんの行動に、いびつな生育環境がかかわっていたことを知るのは、二人の生活が破綻しかかってからだ。達哉さんは勉強だけできれば、それでいいという家庭で育った人で、小さい頃は、答えを間違うだけで、父親から殴られたという。しかし、やがて進学校でも優秀な成績をとるようになってからは特別扱いされ、家族のなかで、何事も達哉さんが優先されるようになっていた。

自分はエリートなので最優先されるべきだし、仕事だけ頑張っていれば、他のことはやってもらって当たり前だという考えが、達哉さんの本音にはあったのだろう。

一方、遥佳さんの方も、育った環境の影響を抱えていた。遥佳さんの父親は家庭をろくに顧みないだけでなく、すぐ感情的になって母親や子どもに暴力をふるった。遥佳さんは、そんな父親を憎み、反発してきた。だから、自分が父親と似たところのある人を夫にするなど、あり得ないことだった。

ところが、現実の夫は、自分勝手で、些細なことにキレ、暴力さえふるう。どこで何を間違えたのだろうか。落ち込み、離婚さえ考えたが、おなかは大きくなるばかりだ。遥佳さんは、死にたいとさえ思った。だが、おなかに宿った小さな命を巻き添えにするわけにはいかないと、何とか思い直すのだった。

このままでは、二人の関係は行き詰まってしまう。何とか幸福な家庭を築いていきたい。

そんな思いから、遥佳さんが出した結論は、出産を機に会社を辞め、家事と育児に専念することだった。その決断は、今でもよかったと思っている。少なくとも、じっくりと子育てに取り組むことができたという点では。

しかし、夫との関係を何とかしたいという願いまでは、叶わなかった。達哉さんは、遥佳さんが専業主婦になると、ますます家庭のことには非協力的となった。仕事や付き合いを理由に、面倒なことからはすべて逃げ、子どもが寝ている時間にしか帰ってこなくなった。子どもは懐かず、父親を見ると泣いた。夫もそんなわが子に戸惑い、触れようともしなかった。

家事が万端整っていないと、すぐ不機嫌になった。子どもが泣きだしたり、ぐずって夫婦の会話が中断することさえ、面白くないようだった。自分のことが後回しにされるように感じていたのだろう。自分の都合のいいときにだけべたべたしてきて、性欲のはけ口を求めてきた。遥佳さんは、そんな夫に嫌悪感しかわかなくなっていた。

夫に何の愛情も支えも感じられない遥佳さんにとって、生まれてきた男の子は、唯一の希望であり支えだった。だが、遥佳さんが子どものことばかりを優先するのも、夫にとっては不満の種のようだった。夫は、妻をとられたと感じ、幼いわが子にさえ嫉妬していたのかもしれない。

そんな不満に加えて、仕事のストレスもあったのだろうが、達哉さんはいつも不機嫌な顔をし、些細なことですぐにキレ、暴言を吐き散らし、それでも足りないと暴力をふるうようになった。決まり文句は、「誰が稼いでやっているおかげで食えていると思っているんだ」だった。仕事を断念し専業主婦となったことを、夫の稼ぎに依存して遊んで暮らしているとしか思っていないようだった。夫のそんな本音が、いつも面白くなさそうな、見下したような態度となって表れた。

だが、自分に対してだけなら、まだ耐えられただろう。しかし、遥佳さんがもう無理だと思う出来事が起きる。ある晩、わが子の夜泣きにいらだった夫は、妻を責め、その声に反応して、子どもがますます激しく泣くと、「うるさい！」と、まだ一歳にもなっていない子どもに向かって怒鳴り、手を振り上げようとしたのだ。遥佳さんは体をはってかばい、夫のそばから離れると、朝まで子どもとリビングで寝た。

もう限界だった。子どものために、何とか我慢しようとしたが、子どもにまで暴力をふるいかねない夫と、我慢して暮らす意味などなかった。だが、遥佳さんはそれでもなお、夫のもとにとどまり続けていた。家を出たかったが、仕事を辞めてしまっていた遥佳さんには、乳飲み子を抱えて、ひとり暮らしていく自信もなかった。実家に戻ることにも、強いためらいと抵抗を感じていた。自分の敗北を認めるようで、自分からは言い出せなかったのだ。

娘の様子がおかしいことに気づき、戻ってくるように言ってくれたのは、母親だった。

その言葉でようやく決心がつき、実家に戻ることができた。

それからは、母親に助けてもらいながら、子育てをすることができた。しかし、精神的なダメージは、そう簡単には回復しなかった。自分が絶対そうなるまいと思っていた状況に陥ってしまったことに絶望し、もう取り返しがつかないような思いを拭い去ることができなかった。子どもは支えでもあったが、重荷に感じることもあった。この子と一緒に死んでしまいたいと思ってしまうこともあった。

そんなあるとき、ベビーカーを押しながら、街を歩いていると、ビルから飛び降りようとしている女性の姿が目に入った。屋上のフェンスを越え、うろうろしている。死に場所を探すように、下を見下ろしている女性が、自分に見えた。「飛び降りちゃダメ！」と叫ぼうとした瞬間、女性の体が宙に舞った。すぐに人だかりができた。遥佳さんは、目を背けるようにしてその場を去った。

そのとき、「生きろ」という天からの声を聞いた気がしたという。自殺した女性が自分の身代わりのように感じられたのだ。しばらくの間、下を見ながら、飛び降りるのをためらっていた女性の姿が、脳裏からこびりついて離れず、その悲しい眼を思い出した。彼女も本当は生きたかったのではないのか。

遥佳さんは、少しずつ前向きな気持ちを取り戻していった。ずっと隠していた親友にも、事情を打ち明け、相談した。家族も力になってくれた。

働き口を探し、正社員として採用されると、元気だった頃の感覚が少しずつ戻ってきた。三歳になっていた子どもを保育所に預け、時間が遅くなる日は、母親が迎えに行ってくれた。

離婚の話を、当初、達哉さんは激しく拒否した。しかし、根気よく話し合いを重ねるなかで、双方のすれ違いがどこにあったか次第に明らかになり、達哉さんも、態度を和らげていった。一緒に暮らしていた頃よりも、離婚の話し合いをするなかで、お互いの理解が深まり、関係が良くなったことは、皮肉と言えば皮肉だったが、そのことが後になってみるとよかったと感じている。なぜなら、夫婦としては別れても、達哉さんは子どもの父親としてかかわらざるを得ず、連携をとることが必要になってくるからだ。

三年越しの話し合いの末、円満に離婚までこぎつけることができた。離婚届けを出した日には、息子を挟んで親子三人で手をつないで出かけて行ったので、周囲から「なぜそんなに仲良く見えるのに離婚するのか」と不思議がられたほどだった。

自分自身、不幸な結婚に縛られた両親を見て育ち、愛のない夫婦生活が子どもにもよくないと思うようになっていた遥佳さんは、負の連鎖を自分の手で断ち切りたいという思いがあったという。が、同時に、子どもから父親を奪いたくないという思いも強まっていた。

離婚は、両親にはできなかった決断であり、そのため、母親も子どもも傷ついたが、父親不在の寂しさは、遥佳さんが身をもって味わってきたことだったからだ。欲張りかもしれないが、その両方を手に入れる方法があるに違いないと、考え続けた末にたどり着いた結論だった。

そうした努力の成果もあり、離婚後も、遥佳さんと達哉さんの関係は良好だ。達哉さんは、息子との面会を楽しみにし、息子も父親に以前より懐いている。養育費もきちんと払ってくれていて、遥佳さんの給料と合わせれば、十分豊かに暮らせる。

実家のすぐ近くに住んでいるので、忙しいときは、母親に甘えることができる。この頃では、父親も喜んで孫と遊んだりしている。すっかりいいお祖父《じい》ちゃんになった姿を見ると、不思議な気がする。

離婚したおかげで、遥佳さんは、夫の都合に縛られることなく、思う存分仕事に打ち込むことができる。いつも輝いていて、次々と大きな成果を出し、社内でも注目される存在になっている。

ときには恋愛に羽を伸ばすこともあるが、再婚は考えていない。恋愛は大抵一年もすると、終わってしまうことが多い。相変わらず父親の年齢のような人に惹かれてしまうが、その方が、結婚を意識しないので楽な面もある。束縛し合うことなく、愛情や刺激をもらって、子育てや仕事も存分に楽しめる。こんな暮らし方があったのだと、身も心も軽く、幸せと生きがいを味わっている。

離婚してから五年が経ついま、つくづく「離婚してよかった」と感じている。ただ、そこに至るまでの大変さを思うと、わが子にはできることなら幸福な結婚をしてほしい、と願う気持ちもある。

レッスン20　自分にふさわしい家族の形を求めて

不安定な家庭のなかで、傷つけられ、愛情不足を感じて育ったため、不安定な愛着スタイルとともに、自己否定的な一面を抱える遥佳さんは、人一倍優しさや支えを必要とするタイプの女性だ。遥佳さんは、強いファザー・コンプレックスをもち、理想化された父親像を求めてしまうところもある。

一方、夫の達哉さんは、優等生としてエリートコースを歩んだ人にありがちな、自己本位で、自分の業績や損得には関心があるが、他人の気持ちにはあまり興味がない自己愛的なパーソナリティと回避型愛着スタイルの持ち主だ。何でも自分を優先してくれた理想の母親を、妻に求めようとするところもあっただろう。

二人は、あらゆる面で、すれ違うべくしてすれ違ったと言える。そもそも求めるものも価値観も大きく違っていた。それでも一緒になってしまったのは、傷心の最中にあった遥佳さんが、身近にいた存在にすがってしまったためだ。不安型の愛着スタイルの人に、起きがちなことだ。さらに、妊娠という事態に、選択の自由を失ってしまった。

だが、そもそも遥佳さんは、夫の達哉さんをそれほど理想化していたわけでもなかったし、しかも、いきなり妊娠・出産という事態になり、自分だけを優先してほしい夫の自己愛は、最初から欲求不満状態に置かれてしまった。

夫との間で、結婚当初からケンカが絶えなかったのは、そこに起因する夫の慢性的な不満があったためと思われる。

妻の遥佳さんの方は、もっと大きな無理をし、もっと大きな困難を背負うことになった。遥佳さんは、不安定型の愛着スタイルの持ち主であり、そもそも一人の男性との関係に縛られることには窮屈さを感じてしまうタイプだ。わざわざ手に入りにくい存在を求めようとするが、手に入ってしまうと、気持ちは醒めてしまいやすい。恋愛に熱中できても、愛情は長続きしにくい。

さらに、遥佳さんが求めるのは、成熟した保護者的な男性だったが、安定した普通の家庭をとの思いから、大して惹かれたわけでもない同年代の男性をパートナーとして受け入れた。

だが選んだ相手は、自分だけに関心を独占したい未熟な自己愛を抱えた男性で、世話を必要とする子どもが最初から一人余分にいたようなものだった。保護者のような存在に支えられたいという欲求は満たされるどころか、尊敬することもできない男の面倒を見なければならなくなったのだ。

しかも、遥佳さんは、もう一つ大きな犠牲を払っていた。仕事だ。

遥佳さんは元来、外で活躍することで評価され輝くタイプの女性で、家庭に閉じ込められると、活力や明るさを失ってしまう。一線で働いていた女性が、家庭に縛られ、うつ状態に陥ることも少なくない。先にも触れた「かごの鳥症候群」だ。遥佳さんの場合も、「かごの鳥症候群」を起こしていたと思われる。

仕事を奪われたうえに、夫から否定的なことを言われ続けることで、自己評価が低下してしまう。独身だったときには、活力にあふれて働いていた女性が、無気力で、どんよりとした存在に変わり果ててしまう。

そのうえ自己愛的で、共感性に乏しいタイプの夫と暮らすことによる、カサンドラ症候群も加わっていただろう。おまけに、心の用意のない妊娠をしたときにみられやすい妊娠うつや産後に起きる産後うつも、事態を悪化させたに違いない。これらは、家族からのサポートがないと、発症や悪化のリスクが高まる。

以上のことが三重四重に折り重なり、遥佳さんを追い詰めたものと思われる。

しかし、このケースで注目すべき点は、こうした困難な事態をみごとにはねのけ、むしろ本人のポテンシャルを最大限に生かせるライフスタイルを確立するところまで、復活を遂げたことだ。

自己実現の追求と家庭的な幸福の追求という、二つの課題のどちらも手に入れそこなっていた女性が、離婚という試練を経ることによって、両方とも手に入れる方法を見出したと言えるだろう。

また、愛着スタイルという観点でいえば、不安定型の愛着スタイルをもつ人も、自分に合わないライフスタイルを強制されていいわけではないし、自己実現と愛情的な幸福のどちらかを諦める必要もないということを、新しい生き方を実践することで示しているとも言えるだろう。

なぜ、このような逆転が可能になったのだろうか。

そのことについて考える前に、これまで同じような特性をもつ人が、どういう人生を強いられていたのかについて振り返ってみよう。

不安定な愛着スタイルの持ち主は、熱烈な恋愛で結ばれたにしろ、数年もすれば、パートナーに対して愛情や関心をもてなくなってしまう。あるところまでは我慢して暮らすにしても、早晩限界が来る。自分に正直な生き方を取り戻すためには、何か理由やきっかけが必要だ。今の暮らしを捨てて、新しい暮らしを手に入れたいと思うだけのモチベーションがいる。それが、大抵は、新しい相手との恋愛だ。

恋愛の力を借りて、慣れている暮らしから飛び出し、かつてのパートナーを捨て去り、新しい暮らしを始めるのだ。また同じことの繰り返しになるとしても、その繰り返しこそが、このタイプの人には人生なのだ。

だが、このライフスタイルには大きな欠点があった。それは、世間一般のライフスタイルと異なるということで、周囲から白い眼で見られやすいということとともに、もう一つ実質的な損失も甚大だった。

離別するたびに失うものが大きく、本来なら築き上げられるはずの資産や家族という蓄積を手に入れそこなってしまうということだ。妻であれ夫であれ、愛人に走って夫婦の暮らしが破綻すれば、これまで共に生活を支えてきたパートナーは、倒産した会社に群がる債権者のように、資産を奪い合う借金取りに変貌する。せっかく築いてきた資産は、慰謝料や弁護士費用に消え、共に暮らすようにと手に入れた家や家具も無駄になってしまう。

楽しい思い出も、ほろ苦い、忌まわしい思い出に変わってしまう。前夫あるいは前妻、その間にでき、生き別れになった子どもとの思い出には、心の痛みや罪の意識が付きまとうので、それを封印してしまう人も多い。それは、せっかく手に入れた宝物を、忌まわしいもののように穴を掘って埋めてしまうようなものだ。無論、大きな損失だ。

もっとも大きな損失は、子どもを失うことだ。不倫を犯し、愛人に走った親は、子どもに対する親権を失うことになりやすい。親としての義務も放棄したとみなされるからだ。

こうした大きな損失を生じることなく、不安定な愛着スタイルの人が、愛情面でも、経済面でも、自己実現の面でも、満足を得ることはできないだろうか。

いまや、不安定な愛着スタイルの人が急増し、それに合ったライフスタイルが求められている。そうした人々が、むしろ多数派になっていくなかで、世間一般の中心的な価値観やライフスタイルも変わっていく。

その点で、このケースは、自己実現の欲求と愛情面の欲求という二つの課題を満たすともに、さらに束縛を嫌い、自由を求めるスタイルとも合致したライフスタイルを、みごとに手に入れた例だと言えるだろう。

どれ一つ手に入らない絶望的な状況から、すべての課題をうまくクリアした生き方を実現するという逆転が、なぜ可能だったのだろうか。

それは、一つには、結婚という枠組みにこだわることをやめたことによってだった。そして、さらに、男性を軸にした家族から、女性を軸にした家族に、暮らし方を変えたことによる。

それによって、不安定な愛着スタイルという自身の特性を無視して、結婚＝幸せな家庭という固定観念に縛られなくてもよくなった。このタイプの人には、結婚という枠は窮屈すぎ、白鳥を鳥かごで飼うような無理がある。弱って、輝きを失ってしまうのも必然の結果なのだ。

そして、もう一つが、子育てを夫と行うのではなく、実家の親と行うという方法だ。本来は、妻は夫と子育てをしたかったに違いないが、仕事が忙しいという言い訳で、実際には、自分のことにしか興味のない夫を当てにしても、余計落ち込むか、いらだつばかりだ。それなら、最初から夫を当てにせず、実家に頼るという方法だ。

これは、最善の策ではないにしても、現実的にはそうするしかなく、そうさせたのは、忙しくて非協力的な夫だということになるだろう。

だが、その問題はさておくとしても、このやり方の方が、不安定な愛着スタイルを抱えた人には、何かと好都合なのだ。つまり、夫やパートナーが交代しても、そもそも子育てを実家に頼っていれば、子どもへの影響が少ないのだ。

現実のニーズに合わせて社会の仕組みも変わっていく。不安定な愛着スタイルが広がるにつれ、それに合ったライフスタイルが一般的になっていくだろう。

実際、このタイプの女性は、新しいライフスタイルを確立しつつあるように思える。そのスタイルとは、端的に言って、母子の絆を優先し、夫やパートナーを事情に合わせて取り替えていくというものだ。

そのライフスタイルにおいては、必ずしも意識的に行っているわけではないが、次のようなプロセスが進行していく。すなわち——

子どもができるまでは、夫を愛し、魅力的で有能なパートナーとして頑張る。愛の結果、子どもができると、妻は、子育てを理由に夫の世話をやめ、性的な関係をもつことにも消極的になる。

夫は不満やストレスをため、不倫や風俗に走りだすか、アルコールやギャンブルで紛らわそうとする。妻に対する不満が暴言や暴力にもなる。妻は、そんな夫にますます嫌気がさし、それを理由に夫と離婚する。

慰謝料として、できるだけ多くの資産を夫から譲り受け、養育費も毎月の給料からしっかり払ってもらう。夫は子どもの父親としてだけ、生活費を負担してくれる存在となり、その報酬は、月一回の子どもとの面会交流だ。

妻は、仕事を再開し、その給与と元夫からの養育費で、生活に不自由はない。そして、独身となった今では、思いきり仕事に励み、自由に恋愛を楽しむこともできる。

もし魅力的なだけでなく、経済的な力もある男性に出会えば、再び愛が芽生え、子どもを産むだろう。そして、また同じことが繰り返されるとしても、生活は安泰だ。一人の夫にしがみつく生き方よりも、安定しているかもしれない。たとえパートナーの一人が急に亡くなったり、落ちぶれたりしても、一人の夫にしがみついている女性のように、途方にくれなくてよいからだ。

男は、損な役回りを押し付けられるようにみえるが、そうばかりとも言えない。同じように不安定型の愛着スタイルをもっている男性は、一人の女性では満足できない。刺激も関心もなくなった相手に縛られるのは苦痛なだけだ。しかも、このタイプの男性は、子どもにあまり関心がない。子育てなどしたくないのだ。いつも自分が中心にいて、子どものようにかまわれたいというのが本心だ。

慰謝料や養育費を払ったとしても、子育てを免除され、再び恋愛をしたり、自分の好きなことに時間をつかえる自由を取り戻すことができれば、十分に割に合うのだ。しかも、それで自分の子どもとどれだけ言えるかはともかく、遺伝的な子孫を残すことができる。ときたま顔を見ることもできる。子育てに関心の薄いタイプの男性にとっては、それで十分なのだ。

したがって、このタイプの男女の場合、一人か二人、子どもができると、むしろ相手に関心や愛情を失い、世話やいたわりを厭うようになるのは、ごく理にかなったことだと言える。どちらも、本当は、別の新しいパートナーを必要としているからだ。

古臭い道徳や世間体、それに、永遠の愛を誓ったという手前もあって、もう飽きてきたとも言い出せず、我慢しながら暮らしているだけだ。その我慢が、イライラや嫌悪感、うつ状態を生む。誰であれ、本心を欺き、不本意なことを強いられる生活は苦痛なだけでなく、その人が本来もっている活力や輝きを失わせてしまうからだ。我慢し続けることを強いられ、心を病む人もいる。そういう人も、何かの拍子に恋人ができたりすると、一気に元気を取り戻す。

こう考えると、母親が働けるくらいまで子どもが育てば、夫婦が別れて暮らし、夫は生活費だけを負担するというライフスタイルは、新たな出会いを必要とするこのタイプの男女にとっては、非常に理にかなったものだと言える。

その場合、子どもは、どちらかの親から離れなければならないが、影響からいえば、母親のもとに暮らし、父親がときどき会いに来るという形が、デメリットが少ないと言える。子どもには父親も必要だが、その必要度は、およそ母親の方が十倍、一けた違うというのが現実である。この十倍という数字は、母子家庭と父子家庭の比率でもある。もちろん、なかには例外もあり、母親が子育てに関心や意欲がもてないという場合には、父親が母親の役割を代替した方がよい。

母親と子どもを軸とする母系社会に回帰し、父親はその周囲を移動しながら、母親や子どもを経済的に支える。それによって、父親は子育ての負担を免れ、自由な暮らしを手に入れる。一方、母親も、夫の束縛から解放され、恋愛の自由を謳歌できる。が、同時に、母親と子どもが社会の基本単位であり、母系の家族を形成するので、家には祖母や伯(叔)母といった女手があり、子育てを支えてもらえやすい。付き合う相手が変わろうと、母親は常に家の中心にいるので、子どもは母親を失わずに済む。

このように述べると、非現実的な議論のように思えるかもしれないが、いま社会はすでにそうした方向に向けて、着実に変化しつつあるように思える。すでにこうしたライフスタイルで暮らしている男女や家族が、どんどん増えているのだ。

それは、本来の姿から逸脱した形なのではなく、そうなるべくしてなろうとしている進むべき未来の姿の、途中の形に思える。

愛着スタイルが不安定な人が増え、夫婦の関係が流動化した場合でも、こうした家族形態であれば、その弊害を最小限に抑えることができる。子どもは、両親がいがみ合ったり、突然いなくなったりすると、大きな傷を受ける。両親がいがみ合うのは、一緒に暮らすことが限界を超えているのに、一緒に暮らさなければならないことによる場合が多い。愛情が冷めれば、自然に会う頻度が減っていくのであれば、諍う必要もない。母親と子どもの関係は影響を受けず、もともとお客さん的な存在だった父親が、あまり姿を見せなくなるだけなので、子どもにとっては、ほとんど関係がない。結果的に、子どもが守られやすい。

父系の社会では、誰の子かというのは、父親は誰かということを意味し、父親との関係が重視されたので、父親がいなくなることは、子どもにも母親にも、引け目を生んだ。しかし、母系の社会では、誰の子かというのは、母親は誰かということになり、父親が誰であるかは、大して重要でなくなる。父親が誰であれ、同じきょうだいであり、父親がいるとかいないということも、あまり意味をもたない。これも、親が自由を追求しつつ、子どもも守るという二つの要請に最大限応えることになる。

これが向かおうとしている、新たな家族の形の一つということになろう。

第二十一章　ライフサイクルとパートナー

ケース21　三度目の正直

映画『ローマの休日』や『ティファニーで朝食を』『マイ・フェア・レディ』などのヒロイン役として、今も世界中のファンから愛される女優オードリー・ヘップバーン（一九二九—一九九三）は、その明るく、快活な印象とは裏腹に、寂しさと愛情飢餓を抱えて育った。母親はオランダの貴族の出身だったが、厳格で、母性的な愛情に欠けたところがあった。そのため、オードリーは幼い頃から愛に飢えていて、甘えられる相手をいつも探していた。

さらに追い打ちをかけたのは、彼女が六歳のとき、父親が家を出て行ってしまったことだった。ナチスに肩入れした父親が、政治活動のために母親の資産を使い込み、失踪したうえ、結局、離婚となったのだ。父親に捨てられたことは、オードリーにとって、生涯でもっとも深い心の傷となった。

その後、父親とは、一度か二度会っただけで、それ以外はまったく顔を合わすことさえなかった。友達と別れて家に帰るときも、子どものオードリーは、自分には父親がいないという寂しさを味わった。彼女のその後の人生は、父親を失った多くの少女と同様、理想化された幻の父親を追い求めるものとなる。

父親のいない寂しさや母親にも甘えられない気持ちを、オードリーは食べることで紛らわすようになる。戦時中での飢餓体験がさらに追い打ちをかけ、その後の人生でも、彼女は、過食と激ヤセを繰り返すことになるが、その最初の兆候は、このときにすでに始まっていた。

やがてオードリーは、バレエに将来の希望を見出すようになる。母親も娘の才能に気づくと、熱心にバレエを習わせる。ステージ・ママだったのだ。第二次世界大戦がはじまり、しかも住んでいたオランダはドイツに占領され、財産も没収されてしまい、厳しい窮乏生活を余儀なくされるが、そんななかでも、バレエの練習は続けられた。

ようやく戦争が終わったとき、オードリーは十六歳になっていた。住んでいた街は廃墟も同然となり、オードリー一家はすべてを失ったが、母親はめそめそすることなく、未来に向けて行動を起こした。娘を一流のバレリーナにするべく、アムステルダムに出て、一流の先生に師事したのだ。母親は家政婦や花屋の店員をして働いた。

その甲斐あって、オードリーはプロを目指せるほどの上達を見せる。さらにステップ・アップしようと、ロンドンの名高いバレエ・スクール「マリー・ランバート」のオーディションを受ける。みごと合格したが、先立つものがなかった。モデルやショー・ダンサーをして資金を稼いだが家賃までは払えない。教室の一隅に寝起きすることを許してもらい、やっと入学を果たした。

ところが、練習に励むオードリーに、尊敬する師であるマリー・ランバートは、ある日、こう宣告する。セカンドにはなれても、プリマにはなれないと。一六八センチ（息子の著書によれば一七〇センチ）のオードリーは、プリマになるには背が高すぎたのだ。師の言葉は、バレエにすべてを賭けていたオードリーにはショックだった。だが、ピンチはチャンスだった。

オードリーは、生活費を稼ぐために映画に端役《はやく》で出るようになっていたが、そこから思いがけない幸運が舞い込む。出演作品の一つが監督ウィリアム・ワイラーの目に留まり、『ローマの休日』のヒロイン役の候補としてスクリーンテストを受けることになったのだ。オードリーは、みごとに監督の心をつかむ。

『ローマの休日』が封切られ、世界的な大ヒットとなり、オードリーは一躍大スターとなったが、そんな最中、彼女は一人の男性と出会い、愛を育んでいた。相手は、メル・ファーラーという十二歳年上の俳優だった。だが、メルには、三度の離婚歴と前妻のもとで暮らす四人の子どもがいた。

オードリーは、いまや世界的なスターだったが、どこか自信がなく、内気で、従順なところがあった。子どもの頃の寄る辺ない境遇や母親の顔色を見て育ったことが影響していたと思われる。しかし、同時に、どうしても譲れない点に関しては、断固として我を曲げないところもあった。母親はメルとの交際に反対だったが、その支配から脱しようとするかのように、オードリーは自分の思いを貫いた。

メルとスイスのルツェルンで結婚したのは、オードリーが二十五歳のときだった。オードリーは、メルに対して、実に従順に尽くした。オードリーに比べれば、格下の俳優だったにもかかわらず立て、彼の方を前面に押し出そうとした。

オードリーの願いとしては、仕事を減らしても、家庭を優先したかったが、それを許さなかったのは、むしろ夫のメルの方だった。オードリーがドル箱であることをよく知っていたメルは、妻をうまく使って、もっと稼ぎ、自分も成功しようとしたのだ。

そうした夫の意向にも、オードリーは逆らわずに従った。そのため、心から子どもをほしいと願っていたにもかかわらず、そちらの方はお預けになり、せっかく妊娠しても、無理をして二度も流産した。

犬を飼ったりして紛らわしていたが、本当は自分の子どもがほしかった。待ち望んだ赤ちゃんが生まれたのは、当時としては遅く三十一歳のときだ。二度目の流産の後だった。結婚から六年になろうとしていた。生まれてきた息子はショーンと名付けられた（ショーンとは、「神の恵み」という意味）。

息子の誕生とともに、オードリーにとって、もう一つ人生の節目になることが起きる。ずっと生き別れになっていた父親と、二十五年ぶりに再会したのだ。父親はアイルランドで、ちょうどオードリーくらいの女性と再婚して住んでいた。

娘の活躍は知っていたが、自分の存在や過去の政治的活動が娘の名声を傷つけはしないかと危惧し、名乗り出なかったのだ。オードリーは父親のもとを訪れ、じかに話を聞き、その間の事情を知る。オードリーは、その後、父親が亡くなるまで、生活費の支援をした。そうすることで、オードリーは父親へのとらわれから解放されていく。

二つの大きな願いが叶えられ、オードリーは幸福の絶頂ともいうべき時期を過ごす。『ティファニーで朝食を』や『シャレード』『マイ・フェア・レディ』などのヒット作にも巡り合い、女優としても一段の活躍を見せた。

しかし、夫メルとの間には、少しずつ意見の対立や気持ちのズレが目立ち始めていた。仕事や金銭的な問題をめぐって、二人の考え方の相違が次第に明確になっていったのだ。

オードリーは、金銭的な損得よりも仕事の中身を大事にした。しかし、夫のメルは、損得にうるさかった。少しでも儲ける機会を逃すまいとした。オードリーがまだ小娘といっていい存在で、重要な判断をすべてメルに頼っていた間は、意見の対立も起きようがなかったが、オードリーが成長し、自分で物事を判断するようになると、夫の言いなりにはならなくなった。

夫を立てて、夫が監督する映画で、あまり気の乗らない役を演じたり、夫と共演したりしたが、どれも不評に終わり、夫に対する信頼が、以前ほど絶対的なものでなくなっていたということもあっただろう。

さらに決定的だったのは、ジバンシーの香水をめぐるトラブルだ。オードリーの親友となっていたデザイナーのジバンシーは、彼女に捧げる香水を作ったのだが、その香水を気に入ったオードリーは、「私以外には使わせないでね」と、冗談めかして言った。その香水は、その名も「ランテルディ（禁止）」と名付けられ、売り出されると、そのエピソードとともに人気を博した。

ところが、そこにメルはケチをつけた。妻の人気を利用して、ジバンシーは大金を稼いでいるというのだ。ジバンシーは、いくばくかの礼金を支払うことになったが、オードリーは、わずかな金銭のために、親友に対して無礼な言いがかりをつけた夫に、すっかり失望してしまった。

夫婦仲をさらに冷却させたのは、メルの女性問題だった。何しろ、すでに三度の離婚歴のある男性だ。オードリーの魅力をもってしても、彼女だけにつなぎ留めておくことは、自然の摂理に逆らうようなものだった。

両親の離婚で深く傷ついた過去をもつオードリーは、息子のためにも、絶対に離婚だけはしたくないという思いをもっていた。それゆえ、隙間風が吹こうが、夫が浮気をしようが、見て見ぬふりをして、何とか夫婦の関係を維持しようとした。

一年の別居を経て、二人が離婚したのは、オードリーが三十九歳のとき。十四年あまりの結婚生活の半分は、それが失敗だったことを確認するために費やされた。その間、人一倍愛情を必要とするオードリーは、夫からもそれを授けられることなく、息子だけを支えに生きていたとも言える。

そんな乾ききったオードリーの心を虜にし、まだ離婚をためらっていたオードリーに、最後の決断をさせることになったのは、ローマ大学の助教授だった精神科医のアンドレア・ドッティだった。九歳年下のアンドレアは、イタリア貴族の出らしく、温厚で、優雅な物腰を備え、精神科医という職業柄、聞き上手でもあった。だが、またしても、安定した絆を育むには、不向きなタイプの相手だった。

父親のいない家庭に育ったアンドレアは、上辺の穏やかな表情からはうかがい知れない、不安定な一面を抱えた人物だった。名うてのプレイボーイで、一人の女性を愛し続けることも、子育てに地道に協力することも、彼の本性におよそ反していた。

しかし、愛に飢えていたオードリーは、自分がもっとひどい失敗をしようとしていることに、まるで気づかなかった。オードリーは、離婚が成立すると、四十歳のタイムリミットに駆け込むように、アンドレアと結婚した。四か月後に妊娠がわかり、四十歳で二人目の息子ルカを出産する。

ルカの誕生は二人の愛を確かなものにしてくれるはずだったが、現実は逆だった。育児にかまける妻に興味をなくしたかのように、アンドレアは、独身のときのように遊び始めたのだ。若い美女とナイトクラブにいるところを何度もフォーカスされて、夫婦関係の危機は巷のゴシップネタにされてしまう。

二度も同じ失敗をすることなどあり得なかった。オードリーは、必死で若い夫を弁護し、寛容なポーズをとった。九歳も年下の夫を、自分のようなおばさんに縛りつけるのは可哀相だと言わんばかりに、「彼が自由だと感じることが大切だと思います」と大見得を切ったのだが、所詮それはやせ我慢だった。

後年、オードリーは次のように述べている。「拘束されない結婚は、うまくいきません。愛があれば、不実はあり得ないのです」と。

オードリーは、愛着スタイルからいえば、愛情や支えを人一倍必要とする不安型で、愛情を失いたくないあまり自分を抑えてでも、過度に相手に合わせてしまう依存的な面をもっていた。

一方、アンドレアは、情緒的なかかわりに深入りしないことで、自分を保つ回避型愛着スタイルの持ち主で、常に称賛や華やかさを必要とする典型的な自己愛性パーソナリティ・タイプの男性だった。彼が精神科医になったのも、相手に心からの共感を覚え、力になることに喜びを味わうからではなく、情緒的なものも分析することで、人をコントロールや支配できるからだったと思われる。精神科医に多い、一つのタイプだ。情緒的な心からの共感を何よりも大事にするオードリーと、表面的な分析だけで事足れりとし、他人の悲しみなど対岸の火事でしかないアンドレアは、まさに水と油の関係にあった。

両者の違いは、例えばこんな出来事にも如実に表れていた。オードリーのメーキャップ係を務めていた人が亡くなった。オードリーは、そのことでひどく落ち込み、文字通り何日も悲嘆にくれた。だが、アンドレアには、妻の反応がまったく解せなかった。仲が良かったとはいえ、赤の他人であるメーキャップ係の死を、どうしてそこまで悲しまねばならないのか。

この精神科医の夫は、妻の悲しみに共感することは無論、理解することさえできなかったのだ。彼は妻をいたわるどころか、しまいには非難したという。パートナーが傷つき、助けを必要としているときほど、怒りを覚えてしまう回避型の典型的な反応だった。そんな夫から心が離れていくのは、やむを得ないことだったろう。

最初から破局が予想されたような結婚だったが、それでも、オードリーは、この結婚に十年もしがみつくことになる。生まれてきた息子ルカから父親を奪いたくないという気持ちも強かったし、同じ失敗をしてしまったことを認めたくないという思いもあった。しかし、最後はオードリーから離婚を申し立て、二年かかって成立した。オードリーは五十三歳になっていた。

オードリーが、この二度目の結婚生活に決着をつけようとしたのは、実はこのときも、新しい伴侶となる男性が現れたからだった。オードリーは、一人では生きていくことができないタイプの女性だった。新しい伴侶が現れなければ、ひどい伴侶であろうと、別れる決心がつかないのだった。

このとき、オードリーの新たなパートナーとなろうとしていたのが、ロバート・ウォルターズ。俳優でもありプロデューサーでもある男性で、オードリーより七歳年下だったが、二十五歳も年上の妻を亡くしたばかりだった。

はるかに年上の女性を愛し続けたことにも表れているように、ロバートは、女性に献身することに生きがいを感じるタイプの男性だった。しかも、ロバートは、自分の子どもをもつことや父親になることに関心がなく、その女性だけを純粋に愛そうとした。愛を求め続けたオードリーは、ようやく自分を聖母のように崇め、愛《いつく》しみ、自分だけのことを考えてくれる存在に出会ったのだ。

二人は、まったく違う人生を歩んできたが、共通する部分ももっていた。まず二人ともオランダの出身で、オランダ語で会話した。ドイツによるオランダの占領と破壊という苦難の時代を共に体験していた。KLMオランダ航空の重役の息子として生まれ、ロッテルダムで幼年期を過ごしたが、戦火を避け、疎開した先の農家は、偶然にもオードリーが暮らしていたアルンヘムから目と鼻の先の距離にあった。

戦後、ロバートは、アメリカに新天地を求める。ニューヨークの演劇アカデミーで学んだ後、出演したテレビドラマで評判になり、その勢いを借りて映画にも出演、一躍スターになるはずだったが、映画はいずれもヒットしなかった。三本目の映画で、相手役に彼を抜擢したのが、大女優マール・オベロンだった。

オベロンは、『嵐が丘』でヒロインのキャサリン役（相手役はローレンス・オリビエ）を務めた美貌の名女優だったが、華やかな恋愛遍歴でも知られていた。とはいえ、そのオベロンも女盛りを疾《と》うに過ぎ、五十九歳になっていた。

だが、ロバートはたちまち魅せられ、恋に落ちる。過去に傷ついた女性が、はるかに年下の男性との恋に真実の愛を見出すという映画のストーリーのままに、二人は心から愛し合う仲になり、五年後結婚する。オベロンにとっては、四度目の結婚だった。

それ以降、ロバートは、妻の崇拝者として彼女に尽くした。しかし、結婚からわずか四年後、マール・オベロンは亡くなってしまう。世間は、ロバートが財産目当てで結婚したのではないかと噂したりしたが、妻の遺品の宝石がオークションにかけられ、七百五十万ドルという途方もない額で落札されたときも、彼は一銭も受け取らなかった。彼が相続したのは、妻とともにお金を出して買ったビーチハウスだけだった。

オードリーとロバートが出会ったのは、妻の死の二か月後、友人の家にロバートが食事に呼ばれていくと、そこにオードリーが滞在していたのだ。落ち込んでいたロバートを、オードリーは優しくいたわった。上辺だけでなく、心のこもった慰めに、ロバートは救われる思いがしたという。

だが、二人とも、この時点では恋愛感情などなかった。最初のうちは、オードリーがロバートの話を聞き、彼を慰めるということが多かったが、やがて、オードリーが彼に相談し、慰めや支えをもらうということが増えていった。いつしか、ロバートは、オードリーにとって、なくてはならない存在となっていた。

しかし、二度の結婚の失敗に傷ついた思いと、まだ十歳にもならない下の息子のこともあった。本当にこの男性を信頼していいのか、また同じ結果になるのではないのかという不安をぬぐえなかった。

だが、ロバートの誠実で、変わらない献身を身をもって味わううちに、ロバートが、これまでかかわってきた男性とは別のタイプの人間だということを悟るようになる。ロバートは、どんなときも、相手の立場になって考えてくれた。相手のことだけを優先して尽くしたが、決して相手を支配しようとはしなかった。オードリーは初めて、自分のことよりも彼女の気持ちを第一に考えてくれる男性に出会ったのだ。

その頃、オードリーの母親は老齢のため、寝たきりになっていた。オードリーにとって、母親はとても大きな存在だった。ずっと支配されてきたが、同時に支えでもあった。オードリーは「母は私の気分であり意識でした」と語り、母親が亡くなったらどうしたらいいかわからなかったとも述べている。「母親に愛されているとは一度も思ったことはない」が、その意向に従うにしろ、逆らうにしろ、強く縛られていたのだ。

その母親の死を乗り切ることができたのも、ロバートという支えがあったからだった。ロバートは、最初、子どもたちに遠慮して、近くの家に別に暮らしていたが、やがて子どもたちに受け入れられると、一緒に暮らすようになった。ロバートは、オードリーにとって夫以上のパートナーで、彼らは強い絆で結ばれていたが、結婚することはなかった。

しかし、事実上の夫であることを、オードリーも進んで認め、どこへ行くときも行動を共にした。

その後、オードリーは女優の仕事よりも、恵まれない子どもたちを救うユニセフの活動に情熱を注いでいく。長男のショーンによると、そうしたオードリーの変化にも、ロバートの存在が大きな支えになったという。ユニセフ親善大使として、オードリーは精力的に、エチオピア、トルコ、ベネズエラ、エクアドル、スーダン、バングラデシュ、ヴェトナム、ソマリアなどを訪れ、飢餓に苦しむ子どもたちをその手に抱き、世界に向けて支援を呼びかけた。マザー・テレサさえも、彼女の献身的な活動に、称賛と感謝の声を惜しまなかった。

ソマリアから戻ったオードリーは、腹痛を訴えて、ロサンゼルスの病院に緊急入院した。原因は、当初心配されたアメーバー感染症ではなく、大腸ガンだった。三日後、手術が行われたが、ガンはすでに胃にも転移していた。望みは化学療法だけだったが、オードリーはそれを拒否し、長年住み慣れたスイスの自宅に戻ることを希望した。

最後のクリスマスを自宅で過ごし、庭に出て散歩を楽しむこともできた。

一か月後、オードリーは息子たちやロバートに看取られて静かに息を引き取った。最期まで恨みがましいことはひと言も言わず、むしろ周りの者を笑わせようとしたり慰めようとしたりした。彼女を失うことにうろたえていたロバートや息子たちを、オードリーは勇気づけようとさえした。

死の一週間前、オードリーは、両親を相次いで亡くした友人に電話して、こう言って慰めたという。「あなたはとても運がいいわ。わたしもあなたのように両親を思うさま愛したかった」と。

自宅で最期を迎えたおかげで、ロバートとは、彼女が亡くなった日まで、同じベッドで寝ることができた。静かな夜の間、誰にも邪魔されない二人だけの時間をもつことができたのだ。

彼女の最期の言葉は、下の息子に発せられたものだった。「ごめんなさい。そろそろ行くわ」

レッスン21　年齢とともに変わる愛の形

母親をどうしても好きになれず、父親に捨てられた心の傷を引きずり続けたオードリーは、深い愛情飢餓を抱えていた。また母親に長年支配され、依存して育った結果、オードリーは、自信たっぷりに自分の人生を決めてくれる存在に頼らずには自分を支えられないという一面をもっていた。その両方の欲求が、彼女に見かけ倒しの男性を選ばせ、同じ轍《わだち》を踏ませることになる。

しかし、失敗に終わった二度の結婚も、まったく無意味だったわけではない。特に最初の夫メル・ファーラーとの結婚は、理想化された父親の呪縛を卒業し、また重要な判断をパートナーに頼ってしまう依存的な傾向を、ある程度脱するうえで、大きな役割を果たしたと思われる。

十二歳年上で、俳優だけでなく映画監督でもあったメルに、父親的な保護者を求めたが、理想化が失望に変わるなかで、それが所詮幻であり、自分で判断し行動することの方が、ずっと頼りになるということを学んでいく。だからこそ、メルとの円満な離婚もできたのだ。

二度目の結婚は、ある意味、反動形成だったと言えるだろう。最初の失敗に懲りて、まったく正反対の相手に惹かれるということは珍しくない。もう四十歳の声を聞こうとするオードリーにとって、二度目の結婚には、子育てと仕事に追われ、虚しく失われた三十代を取り戻そうとする、女としての渇きや焦りがあったと思われる。

何度も流産し、二人目の子どもがなかなかできなかったということもある。若く、性欲旺盛な相手を新しいパートナーに選んだことは、他の点ではまったく失敗だったとしても、どうしても二人目ができなかった四十歳のオードリーを、わずか四か月で身ごもらせたという点では、大いに意味があった。オードリーにとっては、最後の子どもを、デッドラインぎりぎりのところで与えてくれたという点で、若い夫は役割を果たしたのだ。

アンドレアが、家庭生活以外のところで、他の若い女たちと何をしようが気にならないはずもなかったが、それはオードリー自身認めているように、(男性として活発な)若い夫を選んだ避けがたい副産物であり、主産物として息子を得たことに感謝するならば、黙って目をつぶるしかなかった。オードリーは、実に賢い、冷静な女性だった。それが自分の選択の結果なら、メリットだけでなく、デメリットも受け入れるしかないと、割り切ろうとした。

しかし、下の息子が生まれた時点で、二番目の夫の存在意義は、急速に薄れていった。オードリーは四十代に入り、新たに妊娠する可能性もなくなった。種馬のような夫がいても、重荷なだけだ。せいぜい息子の父親だというだけで、ろくに息子の世話をするわけでもなく、生活費を頼るわけでもないとなると、必然的に必要度は薄れていったに違いない。

こうして、もはや子どもを産む時期を卒業したオードリーは、ライフサイクルのうえからいっても、新たな段階に入ったと言える。

心理学者のエリクソンは、人間の発達段階を八つに分け、年齢にともなう段階の移り変わりをライフサイクルと呼んだ。夫婦生活が生殖や子育てという意味をもつ時期は、八つの段階のうち、「壮年期」にあたる。しかし、やがて生殖という役割を終えると、次の段階に進むことになる。それは、自己の統合という新たな役割を担う時期で、エリクソンは「老年期」と呼んだ。だが今日では、この期間がとても長くなっていると言えるだろう。ことに女性にとっては、ここから第二の人生が始まると言っても過言でない。妊孕《にんよう》性を失ってから、さらに半分の人生が待っているのだから。

老年期というよりも、真の成熟が訪れるという意味で、まず「熟年期」があり、次いで、肉体的な衰えと向き合い、死へと準備する「老齢期（晩年期）」がやってくると言った方が現状に近いだろう。熟年期がとても長くなり、人によっては、三十年以上にわたることもある。

熟年期になると、パートナーとの関係は、性的欲求や子育てがつながりを支えていた時期とは違う性格を帯びてくる。エリクソンの指摘するように、この時期は、人生が完成へと向かうために統合を成し遂げていく段階だ。これまで取り組んできたさまざまな課題や営みが、その人ならではの形で結実していこうとする。つまり、子どものため、家族のためという生き方から、自分のため、さらには自分を役立てる使命のためという生き方にシフトしていくのだ。

それにともなって、夫婦やパートナーの存在意義も、子どもや家族にとってどうかという視点から、自分にとってどうか、自分らしい生き方にとってどうかという視点に移り変わっていく。人生の秋とも言うべき実りのときを、真に心豊かに過ごせる相手かどうかが改めて問われるのだ。そこでカギを握るのは、精神的な共有だ。

共感や思いやりといった気持ちの共有、趣味や楽しみを一緒に分かち合う関心の共有、さらには、人生において何を大事にするかという価値観の共有、この三つの共有が、これまでにもまして重要になってくる。共有するところがあまりない場合には、自己の統合を妨げるだけの存在と感じられるようになり、両者の関係は危機を迎えてしまう。

それまで役割分担していた夫婦も、仕事や育児の負担が減るにつれて、むしろ分担よりも共有に重きが置かれることになる。それゆえ、二人の間で、共有がうまくできない場合には、育児や仕事にかまけていた時代よりも、もっと大きなズレを感じるようになる。いま増えている熟年離婚の危険が訪れることになるのだ。

子どもを産むという生物学的な縛りから自由になることは、まったく違う形の愛を可能にする。結婚やセックスといった束縛し合う関係を超えた、自由かつ精神的なつながりによって結びつき、支え合うこともできるのだ。

子どもをもつことがない年齢になったとき、オードリーは初めて、生物学的な呪縛から自由になり、本当に自分が求めているものを見つけることができたと言えるだろう。彼女が、子どもの頃からずっと求めていた存在に出会うことができた。自分のことだけを考え、いつもそばにいて、優しく支えてくれる存在。

それでも、二度の失敗から深く傷ついたオードリーは、三度目の正直を信じることができなかったに違いない。結婚という枠組みに縛られない限り、裏切りに傷ついたり、離婚という二度と味わいたくない思いをしないで済む。大切だと感じれば感じるほど、もう失いたくないという気持ちが働いたのだろう。ロバートは、そんなオードリーの不安を受け止め、オードリーが望むままにさせたのだ。それは、彼の優しさであり、思いやりだったに違いない。

見方を変えると、オードリーは、ロバートとの関係で初めて、自分が主導権をとる愛の形を実現したと言えるだろう。それまでの愛は、男たちの意思に従うか、自由にさせるしかなかったのだから。

オードリーがたどった愛の形の三つの段階は、依存し支配されることしか知らなかったオードリーが、自分を確立し、主体性をもつに至るプロセスだったとも言える。

このように、愛はその人の成熟段階にそって、形を変えていく。パートナーを替えることでそれを実現する場合もあるが、同じパートナーに対して、そうした変化が起きることもある。最初は、夫に従属し、言いなりだった妻が、次第に自己に目覚め、夫に対して主張するようになり、夫との対等な関係をもつようになったり、夫を従えるようになったりすることも珍しくない。

ある意味、そうした変化を遂げられたことは、幸運だと言える。変化の時期は妻の変わり身に夫が戸惑い、ぎくしゃくすることになるが、その過程を経て、新たな関係に進むことができるからだ。まるで、パートナーが別人に変わったように、夫婦仲が良くなり、新鮮味を取り戻すこともある。

パートナーを替えるのも一つの手だが、課題に向き合い、関係をリフレッシュするという方法もあるということを覚えておいてほしい。

性欲の衰えとともに色あせ、妊娠しない年齢に達したときには、もはや存在理由を失ったように死んでいく愛もある。しかし、そうでない愛もある。

熟年期に達したとき、初めて手に入る、新たな段階の愛情が存在するのだ。その年齢に達してから結ばれるパートナーは、子孫を残そうとするがゆえの生物学的なワナから逃れて、もっと自由に愛することができる。そして、より精神的な結びつきへと高まっていくこともできる。それは、真の愛情と呼ぶべきものだろう。その年齢になってこそ、本当の愛情に出会えるのかもしれないのだ。

おわりに　人は優しさなしでは生きられない

優しさなど、生きていくのに必要ない、と思われるだろうか。そんなものは、腹の足しにもならないし、この厳しい世の中を生き抜いていくうえでは、むしろ邪魔だと考えるだろうか。

優しさなど求めるから、人に裏切られ、傷つかなければならない。そんなものは、最初から期待しなければいいのだと、悟りの境地に行き着いた人もいるかもしれない。

優しさで甘やかすから、子どもがみんなダメになるのだ、そんな生ぬるいものより、現実の厳しさを教えることこそが、強い人間をつくれるのだと考える人もいるかもしれない。

その考えを否定するつもりはない。だが、多くの臨床的事実や医学的研究が明らかにしていることは、人間は優しさがなければ、幸福にはなれないどころか、そもそも生きられないということだ。

優しさがなければ、子どもは生存することすら危うい。生きられたとしても、その成長は止まり、心は闇に閉ざされる。

大人とて同じだ。優しさを奪われた環境では、心身の健康を維持することは難しい。病気で死ぬにしろ、自殺するにしろ、あるいは多量飲酒のような慢性的な自殺行為にふけるにしろ、優しさを奪われた環境に置かれると、人は自分の寿命をマッチでも擦《す》るように乱費し、縮めていく。

優しさは、生きていくために欠くべからざる栄養素であり、それなしでは、日の当たらない植物のように、やがて病み、枯れていくのだ。

だから、本当は誰だって優しさを求めている。

優しさの正体は、オキシトシンというホルモンだ。オキシトシンは、人と人との絆の土台である愛着を生みだし、子育てや夫婦の関係といった長く続く愛情にかかわっている。妻と夫という二人のパートナーを、セックスを超えて結びつけているのは、愛着という仕組みであり、互いが与え合う優しさの力なのだ。

しかも、優しさは元手いらずで、優しくされた人にも、優しくする人にも、大きな恩恵をもたらす。優しくし合うことで、オキシトシンの働きを高め、絆を強めるだけでなく、お互いをストレスや不安から守り、幸福と心身の健康に寄与することもできるのだ。

カップルにとって優しさは、これほど大切なものであるにもかかわらず、多くの夫婦が、結ばれて何年も経たないうちに、攻撃し合い、責め合う関係になってしまう。妻は夫に失望し、夫を責め、責めたてられた夫は逆ギレして、妻に暴力をふるうこともある。ぶつかり合いを避けるために、互いに無関心になり、情緒的なかかわりから手を引いていく。他人以上に冷たくパートナーに接してしまう。

そんな光景が、日本のいたるところで、繰り広げられている。

本当は、どちらも愛され、優しくされることを望んでいるのに。それは、生存にかかわるほど切実な欲求だというのに。

現実には、多くのカップルがそれを手に入れられず、すれ違い続けていく。誰もが、優しさなしでは生きられないから、それを与えてくれずに、逆に責めてばかりいるパートナーに対して嫌気がさし、そんな人生に我慢することが耐えられなくなっている。嘆きと怒りを爆発させ、ますます関係をこじらせ、ついには離れ離れになっていく。しかし、相手が悪かったのだと思って、いくらパートナーを替えても、肝心なところが変わっていないと、同じ悲劇を繰り返してしまう。

相手のせいにだけしていたのでは、一向に問題は解決しない。なぜなら優しさとは、どちらか一方が与えるものではなく、与え合うことで増えていくという性質をもっているからだ。優しくしてもらえないからと、そっぽを向き、相手を責めたところで、優しさは手に入らない。しかし、自分から与えようとすると、求めなくても、自然に与えられるようになる。

幸福になりたければ、周りの人を幸福にすることだ。自分を幸福にすることはできなくても、努力すれば、周りの人を少しだけ幸福にすることはできる。ただ優しくするだけでいいのだ。いや、それしか方法はない。オキシトシンがうまく働かないと、人は幸福を感じることができないが、他人の優しさによってしか、オキシトシンの仕組みは活性化されないからだ。

現実の世の中は、優しさを急速に失おうとしている。誰もが自分のことに必死で、他者を思いやるゆとりをなくしている。優しさで心を癒してくれるはずの家庭さえも、ひとつ間違うと傷つけ合う場と化してしまう。優しさではなく、冷たさや厳しさ、頑なさが、支配しようとしている。

本書を読んでこられた読者には、いまこの社会に、そして、あなたの身に何が起きていて、何ゆえパートナーとの関係に行き詰まりを感じているか、少しは見えてきたに違いない。本書が提示した視点や方法が、不幸な悪循環を食い止め、優しさを与え合う関係を取り戻すうえでのヒントになることを願わずにはいられない。

愛の形は一つではない。今日の状況は、人々の生き方が旧来の愛の形と合わなくなり、新しい愛の形を模索しているところだとも言える。それゆえ、永遠の愛とか、揺るぎない結婚という一つの愛の形にとらわれる必要はない。非婚、晩婚、離婚、再婚……。どれにもそれぞれ意味があり、どれがいいとか悪いとかいった問題ではない。大事なのは、あなたにとって最高の答えを見つけ出すことだ。あなたに合った、もっとも幸福な生き方や愛し方を実現してほしい。
末筆ながら、本書の完成を忍耐強く、そして熱烈に待ち続けてくれた河出書房新社編集部の千美朝氏に、深く感謝の意を表したい。

岡田尊司

二〇一五年秋

主な参考文献

・『パーソナリティ障害　いかに接し、どう克服するか』岡田尊司／ＰＨＰ研究所／２００４
・『成人のアタッチメント　理論・研究・臨床』Ｗ・スティーヴン・ロールズ、ジェフリー・Ａ・シンプソン著／遠藤利彦他監訳／北大路書房／２００８
・『愛着障害　子ども時代を引きずる人々』岡田尊司／光文社新書／２０１１
・『回避性愛着障害　絆が稀薄な人たち』岡田尊司／光文社新書／２０１３
・『母という病』岡田尊司／ポプラ新書／２０１４
・『父という病』岡田尊司／ポプラ新書／２０１５
・『ルー・サロメ　愛と生涯』Ｈ・Ｆ・ペータース著／土岐恒二訳／ちくま文庫／１９９０
・『ルー・アンドレアス-ザロメ　～ニーチェ、リルケ、フロイトの道連れ～』ヴェルナー・ロス著／立花光訳／リーベル出版／２００２
・『ルー・ザロメ回想録』ルー・アンドレーアス・ザロメ著／山本尤訳／ミネルヴァ書房／２００６
・『ライフ オブ オードリー・ヘップバーン』ロビン・カーニー著／中俣真知子訳／キネマ旬報社／１９９４
・『オードリー・ヘップバーン〔上〕〔下〕』バリー・パリス著／永井淳訳／集英社／１９９８
・『オードリー・ヘップバーン　妖精の秘密』ベルトラン・メイエ＝スタブレ著／藤野邦夫訳／風媒社／２００３
・『AUDREY HEPBURN　母、オードリーのこと』ショーン・ヘップバーン・フェラー著／実川元子訳／加藤タキ監修／竹書房／２００４
・『オードリ・ヘップバーンという生き方』山口路子／新人物文庫／２０１２
・“*Handbook of Attachment: Theory, Research and Clinical Application*”, Edited by J. Cassidy and Phillip R. shaver, Guilford Press, 1999
・“*Attachment in Adulthood: Structure, Dynamics, and Change*”, Mario Mikulincer & Phillip R. Shaver, Guilford Press, 2007
・“*Die Erotik,*” Lou Andreas-Salomé, Grin Verlag Gmbh, 2008

岡田尊司　おかだ・たかし

一九六〇年、香川県生まれ。精神科医、作家。東京大学文学部哲学科中退、京都大学医学部卒、同大学院高次脳科学講座神経生物学教室、脳病態生理学講座精神医学教室にて研究に従事するとともに、京都医療少年院、京都府立洛南病院などに勤務。山形大学客員教授を経て、現在、岡田クリニック院長（大阪府枚方市）、大阪心理教育センター顧問。パーソナリティ障害、発達障害治療の最前線に立ち、臨床医として現代人の心の問題に向き合い続けている。

著書に『悲しみの子どもたち』（集英社新書）、『アスペルガー症候群』（幻冬舎新書）、『愛着障害』（光文社新書）、『マインド・コントロール』（文藝春秋）、『母という病』（ポプラ新書）、『人間アレルギー』（新潮社）他多数。

夫婦という病　夫を愛せない妻たち

二〇一六年一月二〇日初版印刷
二〇一六年一月三〇日初版発行

著者　岡田尊司
発行者　小野寺優
発行所　株式会社河出書房新社
〒一五一-〇〇五一　東京都渋谷区千駄ヶ谷二-三二-二
電話　〇三-三四〇四-一二〇一（営業）
〇三-三四〇四-八六一一（編集）
http://www.kawade.co.jp/

装画　柳　智之
ブックデザイン　鈴木成一デザイン室
組版　KAWADE DTP WORKS
印刷・製本　図書印刷株式会社

Printed in Japan　ISBN978-4-309-24742-7